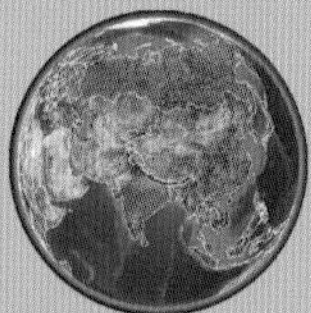
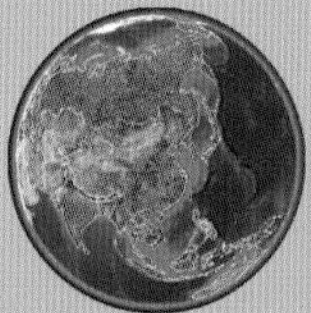

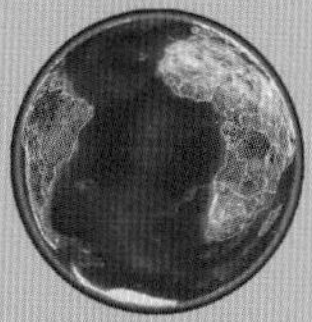

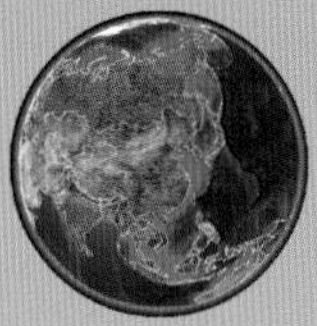

地理課沒教的事3

看見地球的變動

廖振順 著

推薦序

臺北市立萬芳高級中學校長　楊萬賀

讓我們一起關懷明日的地球

廖振順老師又要推出新書了！過去利用 Google Earth 工具帶我們大開眼界，之後又貫穿古今，讓我們理解到地球上板塊的變化及古往今來的各種演變，從地理課的2D變成3D，甚至再加上時間變成4D，幫助讀者從嶄新的視角，以活化閱讀的方式去理解地理知識。而這本《地理課沒教的事3：看見地球的變動》，題材更加新穎，除了以廖老師擅長的地理解讀能力來關懷全球變遷所導致的環境變化外，還有對人文世界的禮讚及對自然生態的謳歌，沒變的是深入淺出的文字說明及豐富的配圖，讓讀者能快速理解，內容精彩且富含啟發性，讓我一讀再讀，果然是振順出品，必屬佳作。

如果讀者因為《看見臺灣》這部影片，而感動於臺灣的自然及人文之美，那麼廖振順老師這本《地理課沒教的事3：看見地球的變動》，將更深更廣地震撼你的視界。讓 Google Earth 帶你到世界各地走一遭，體驗地球環境變化可能留給後代的無限奧祕，真心看見地球的美麗，也小心提防地球的殘酷。

「今天，我們的世界正快速發展，不計其數的人類個別活動也不斷增加。這些人類活動正影響著我們的環境、自然地表、生物多樣性，以及支持世界文明所需的天然資源。許多人指出，這些活動不具備永續性，並且缺乏理智的規劃與管理，它們將對我們的未來帶來負面影響。這些趨勢暗示我們需要擔負起責任，用更好的方式管理我們的世界。」這是地理資訊系統專家傑克．丹傑蒙 (Jack Dangermond) 提出的呼籲。而廖振順老師在書中也不斷呼應這項核心價值，期許現今公民能更努力守護明日世界，學習將自身的能量用在追尋正面而積極的解決之道，關心地球、關心人類，為全球社會注入一股充滿希望的活力。

不同於環保團體或學術研究者們大聲疾呼「愛地球」，廖振順老師以這本書讓我們看到地球的美麗與殘酷，淺顯易懂地讓我們知道關懷地球變動以及環境與生態巧妙互動的重要性，也培養出主動關心和珍惜地球資源的態度，並懂得珍視明日地球。

誠心推薦您讀這本書，一起感動吧！

推薦序

中國文化大學地理系
系主任兼理學院院長　盧光輝

順應大自然是人類必須學習的一課

Google Earth 的前身原本是一項付費商品，你必須花錢下載軟體，才可以查看衛星地圖。而在收購後，Google 將軟體包裝成 Google Earth，以免費的方式讓網友使用這項3D立體地圖服務。使用這套軟體最大的好處，就是我們從虛擬的圖像世界往實際的影像世界邁進了一大步，它讓我們可以直接搜尋並觀看世界各地的實際影像，而不是空幻虛無的地名或路標。

本書作者以他的個人專業及歷年來蒐集的資料、Google Earth 照片，深入淺出地將地理學研究對象，包括地表上時間、空間內一切的自然、人文特徵，以四個主要章節呈現在讀者眼前：

1. 變動的世界
2. 變動的國土
3. 數字看世界
4. 世界之最

地球的內營力作用一直持續進行著，而地表的風化、侵蝕與搬運作用，也未曾一刻稍歇。

面對大自然的挑戰，並不能以無窮的勇氣與財力去面對，更不宜以人定勝天、無知面對。瞭解大自然的運作，順天而為，才能將災害減到最小。

本書在闡述世界及國土呈現動態的變化的同時，也提醒著我們，在這塊土地上，不能肆無忌憚地開發，對土地、能源的開發與利用必須有所限制。人們應瞭解大自然的運作，順應大自然的作用行動，否則，因人為利用不當，大自然的反撲將造成許多災害，國家社會將付出巨大的成本。為了能永續發展，如何瞭解這塊土地的種種特色，避開各種災害，與大自然和諧相處，終是人類必須要學習的一課。我們必須瞭解這塊土地的自然環境特色，藉以趨吉避凶。否則，再多的經費，終不堪大自然的反撲。

我相信讀者透過閱讀本書，定能從中獲益，領悟到尊重大自然環境，與青山綠水和諧相處的真諦，因此大力推薦。

作者序

廖振順

超脫有窮眼界，探索無窮時空

冷戰期間蘇聯製造的沙皇氫彈，威力相當於一億噸的黃色炸藥，這是當時人類所製造過最厲害的炸彈，但是和撞擊到地球、導致恐龍滅絕的那一顆隕石撞擊威力相比，根本就是小兒科。

六千五百萬年前，讓恐龍滅絕的隕石，爆炸規模相當於一百兆噸黃色炸藥，等於是把一百萬顆沙皇氫彈一起引爆。強大的威力引發世界各地地震、火山爆發不斷，撞擊本身也噴發大量沙塵進入大氣層，長期遮蔽陽光，甚至導致地球到太陽的距離改變，使得光照下降，氣溫急速下降，進入核子冬天狀態，而大量噴出含硫的火山灰，更導致嚴重酸雨環境。低光照、低氣溫還下著恐怖的酸雨，使得植被銳減，草食性動物和肉食性動物當然也受到前所未有的威脅。最終，恐龍世紀結束，哺乳動物興起，其中一種哺乳動物很關鍵，那就是我們——人類。

最早的人類化石阿爾迪(Ardi)在衣索比亞發現，距今四百四十萬年前。想像一下，若是恐龍沒有滅絕，那麼人類大概不會出現，就算出現了，也不會像是今天可以發展出高度文明的人類。若是恐龍與人類同在一個時空中演化，人類必然只是恐龍的一種食物選項，為了活下去，必須逃給恐龍追，愈敏捷的人愈能活下去，所以演化方向上應該是往敏捷發展，一顆巨大的腦袋絕對不利於敏捷的，這就意味著人類不會往智力提高方向演化。另一方面，恐龍若是繼續發展下去，說不定會有一脈往智力方向發展，就如同今日的人類一般，逐漸創造出高度的恐龍文明，有語言、文字、農業和畜牧業……而其中一項畜牧產品，說不定就是人類！這麼說來，現今的人類還真要謝謝那一顆導致恐龍滅絕的巨大隕石呢！

十億是個什麼樣的概念？十億小時前人類生活在石器時代；十億分鐘前，羅馬帝國正在邁向頂峰，中國漢安帝正在荒淫無道中；十億秒前，墾丁國家公園剛成立，李師科正忙著成為全臺灣第一個銀行搶犯。全美洲的人口有十億，歐洲有十億，非洲此刻也是十億。Google Earth 自二〇〇五年推出以來，到現在就已下載超過十億次。Google 不僅是掌握了如何展現世界的權利，同時也操控著不顯示「哪裡」的能力，如此超越國家的權柄，帶來的是難以想像的影響力。這種無上權柄的誘惑，終讓 Apple、Microsoft、Amazon 都更加用力地繪製自己的世界地圖，進而影響著全世界客戶的心靈地圖。

世界一直在變動，有大尺度空間、時間的變動，當然也有小尺度空間、時間的變動，相對於地質年代，人命實在有如蜉蝣。在小尺度裡的時空變動，更小的蜉蝣很容易會認為這就是全宇宙的末日，但對於更巨觀的尺度時空來說，那不過就是一條小溪的變化罷了。人們常說想像世界比真實世界來得美，然而蜉蝣從來沒有見過小溪以外的世界，能夠拿來想像的素材有限得很，若是能讓蜉蝣的生命延長到一年，蜉蝣絕對可以看到「美得無法想像」的世界。

人的壽命當然比蜉蝣要來得長，但是世界實在太大，有太多地方窮其一生也不可能走盡、看盡。還好……我們有數位地球、電子地圖、衛星影像，外加大量的實景照片，有如交換記憶般地集合眾人的資訊。於是乎我的記憶中有你的視野，你的記憶中有他的角度，最後，我們都會認為那是「自己」的存在。

目錄

I 變動的世界

01 島的誕生

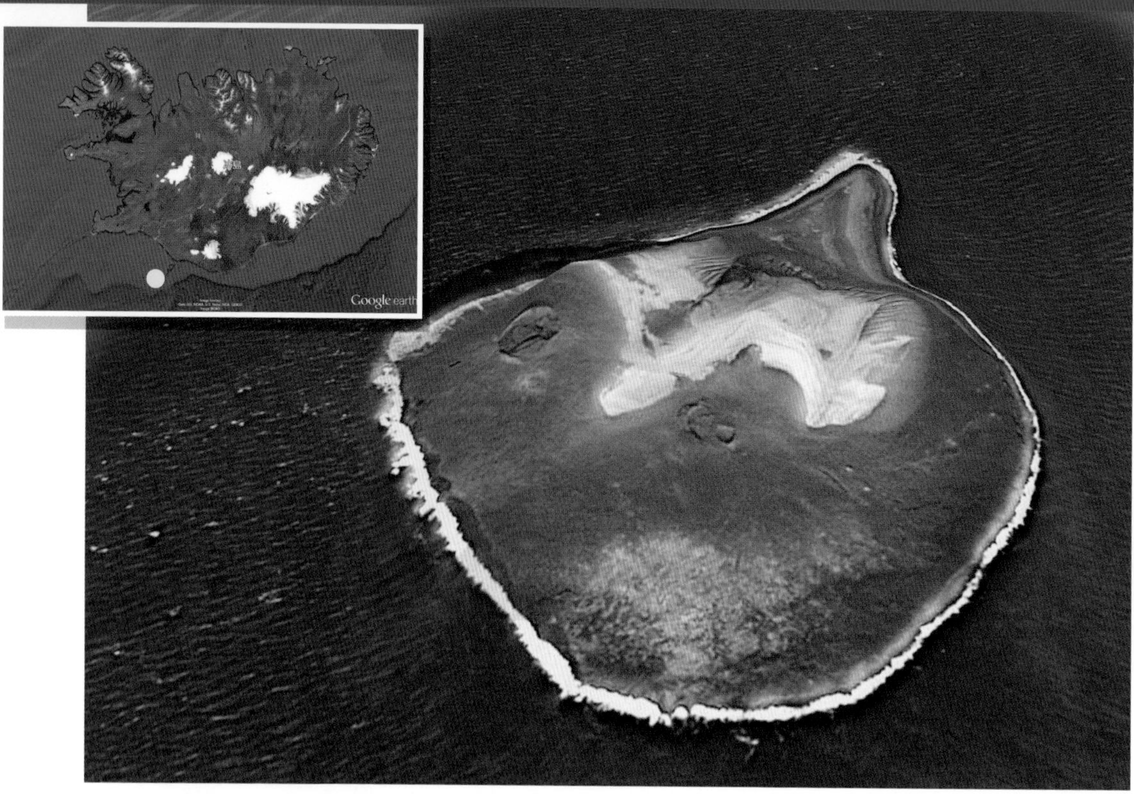

↑【圖 1】敘爾特塞是上世紀最引人注目的新興島嶼，是上天賜予人們的一個最佳天然生態觀察實驗室。

⊕ 冰島南方的新生島

一九六三年十一月十四日，一艘拖網漁船航行在冰島的南方，船上廚師發現遠方海面上有一股濃烈的黑煙直竄天際，原以為是其他船隻失火，船駛近一看才驚奇地發現，原來是一個海底爆烈噴發的火山所形成的新生島嶼。數天之後，這個新誕生的島嶼長軸達到五百公尺，最高點則已達到海拔四十五公尺；一年後島嶼面積達到最大的二．七平方公里，並持續噴發了三年半才穩定下來（圖1）。

這個新興島嶼即是上世紀最引人注目的敘爾特塞(Surtsey)。敘爾特塞一開始的噴發口位在海平面以下一百三十公尺的海床上，不斷噴發累積向上形成島嶼之後，鬆散的火山岩隨即遭遇到強烈

維管束植物（Tracheophyta）

係指有維管束組織的植物。相對於非維管束植物，維管束植物均含有木質化的組織，可以讓植物生長成擁有較大體積的生物體。

的海流、海浪和冬季強勁的暴風襲擊，特別是西南海岸面受到直接衝擊，侵蝕速度最快，沿岸面積消逝得最為明顯，被沖刷的物質往東北流動，部分在島嶼的東北側堆積出一條沙嘴。

全世界的新興島嶼面積多半不大，而且構成物質鬆散，在天候、海浪等侵蝕摧殘之下，存在的時間通常不會太久，很快地就會逐漸降到低於海平面之下而看不見了。不過敘爾特塞要短時間內消失比較不太容易，因為爆烈噴發之後，緊隨而來的是較穩靜的熔岩流，熔岩流冷凝之後比鬆散的火山灰和碎粒來得堅硬許多，此外，部分火山灰透過化學反應逐漸形成耐腐蝕的凝灰岩，所以依照目前的侵蝕速度，敘爾特塞應該還會存在數百年。

科學家對敘爾特塞島最感到興奮的，是讓人們可以觀察一塊無人類干擾的處女地，如何誕生出第一株植物，如何形成各種植物群落，而昆蟲、鳥類等形式的生命，又是如何隨時間的推移，從誕生、存活、適應到擴散演替。也就是說，敘爾特塞島根本就是上天賜予人們的一個最佳天然生態觀察實驗室。為了保護這個天然實驗室，島上嚴格管制人員進出，嚴禁任何非必要人員踏上小島，目前唯一的人造建物是在島上最高點所設置的小型氣象觀測站。

島上的一切觀察紀錄都是珍貴的，包括一九六五年第一棵維管束植物在背風的北岸被發現，緊接著苔蘚、地衣出現在熔岩之上。不久後，由於鳥類開始在島上築巢，鳥糞優化了島上的土壤，因此更多的維管束植物得以生存，以平均每年二到五種新植物現身的速度在進行著。島嶼北側的沙嘴亦開始出現海豹，海豹則又吸引了殺人鯨。第一隻昆蟲在一九六四年被發現，但是第一隻蚯蚓則遲至一九九三年於島上的土壤樣本中找到，之後陸續出現蛞蝓、蜘蛛、甲蟲等節肢動物和昆蟲。聯合國教科文組織在二〇〇八年宣布此島為世界遺產，以此表彰敘爾特塞偉大的科學價值。

⊕地震之後

二〇一三年九月二十四日，下午四點的巴基斯坦突然天搖地動，地震規模達到七．七的強震襲擊了西南部人口稀少的俾路支省，造成至少八百二十五人死亡，數百人受傷。地震過後，令人訝異的是，西南沿海上竟然震出了一個小島（命名為Zalzala島），這個島長約兩百公尺、寬一百公尺、高度達到海拔二十公尺，距離岸邊大約兩公里，非常靠近中國援建的瓜達爾港口（照片1）。像這樣突然冒出來的島並不是第一次發生，當地人甚至還記得在一九四五年和二〇〇一年也曾經出現過這有如幽靈般的島嶼，不過這類島嶼的壽命都不長，在強大的海流和風力侵蝕下，很快就會消失淹沒在海平面之下了。

冰島南方的敘爾特塞島是因為海底火山的噴發而形成，然而這次巴基斯坦大地震並沒有引起海底火山的噴發，那麼島嶼又是如何形成的呢？極有可能和過去在同一地點附近出現過的島嶼一樣，因地震引發淺埋在海床之下的甲烷水合物（又稱作可燃冰）噴出，而噴出地點的海水不深，因此持續噴出並且不斷堆積覆蓋的碎石、泥水，即迅速地突破海平面而形成小島。新生的小島並不是瞬間誕生，而是慢慢地出現，同時不斷有甲烷氣體從碎石間和海水中逸出。

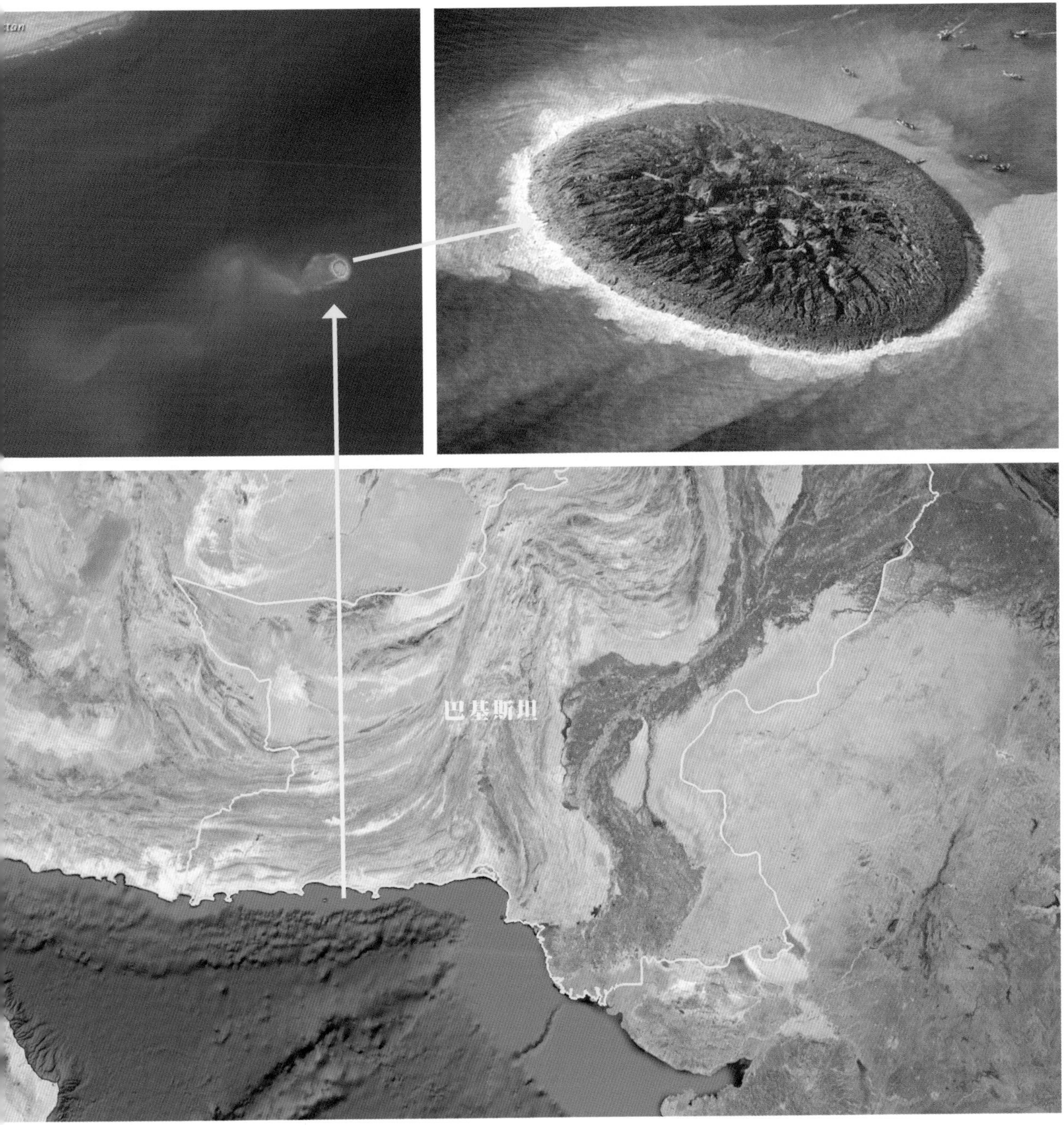

↑【照片 1】由甲烷水合物伴隨泥沙、碎石噴出堆積而成的新生小島，在強烈洋流和風力的侵蝕之下，不用多久就會悄悄地消失在海平面之下。

學者呼籲不要輕易登上小島以免發生危險，不過顯然是無效的。新生小島引來大批划著小船的圍觀群眾，還帶著打火機刻意對著冒著氣泡的海面，意圖點燃氣泡破裂後的可燃氣體。究竟這樣的島嶼會不會有危險呢？其實甲烷本身是無毒的，而且小島上海風徐徐，空氣流通，要引發窒息或爆炸似乎也不太可能。然而，如果想發展知性之旅，以賺點觀光旅遊收入，這種幻想是不實際的，因為光是交通的困難度就足以讓絕大多數的旅客打退堂鼓了，且就算有人真心計畫著來此一遊，他會很實際地發現，一切的金錢支出、身體受苦都不成比例，因為只看得到剛冒出來的小島而已。

這次巴基斯坦的新生小島，既然是由噴出的甲烷水合物混合著碎石、泥沙所組成，結構必然鬆散，因此在洋流、風力的侵蝕之下，將來也會和其他曾經出現過的小島嶼先祖們一樣，再次消失回歸海床。未來，地球必然會重複著這樣誕生島嶼的故事，先是板塊移動，接著衝撞、摩擦，然後板塊產生褶曲、裂痕，裂痕擴大終致斷裂，斷裂釋放彈性位能（地震），地震能量向外擴散，受到外擴能量的影響導致某些地層斷裂或是裂隙擴大，斷裂或裂隙擴大處若有天然氣、甲烷、甲烷冰等液態、氣態物質，就會沿著裂隙湧出或噴出。有的天然氣從地表裂隙噴出，例如恆春的出火景觀；有的從水中噴出，例如臺南關子嶺的水火同源；有的伴隨泥漿噴出，例如燕巢烏山頂的泥火山。甲烷冰從較淺海底噴出而形成小島的戲碼，屬於偶爾來一場的經典好戲，可遇不可求啊！

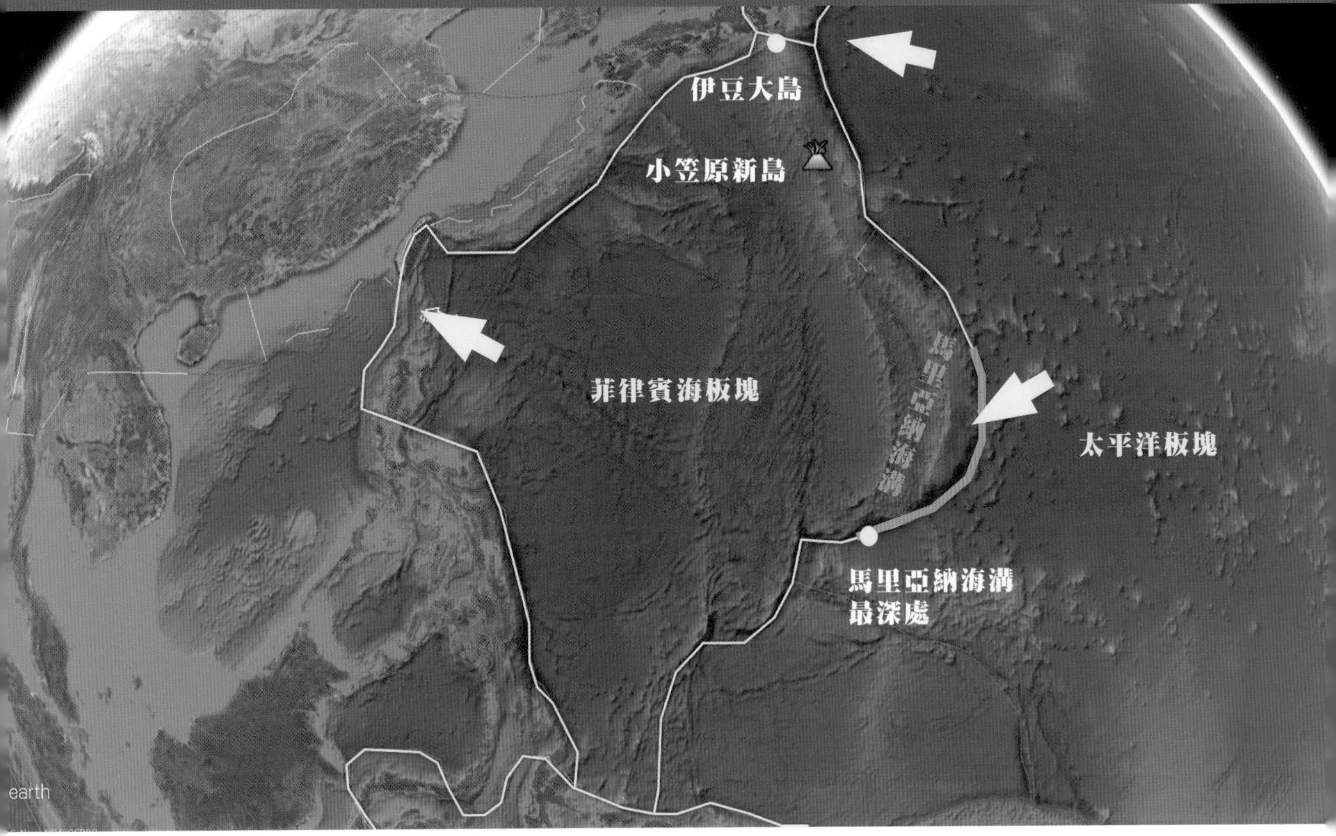

↑【圖 2】小笠原群島之新島位置圖

小笠原群島

日本西太平洋上的小笠原群島，位在距離東京以南一千多公里處。島群包含三十多個小島，全部面積加總有一百〇四平方公里，相當於新竹市的面積。

二〇一三年十一月下旬，小笠原村西北西方一百三十公里處的海底火山噴發出了一個小島，新誕生的小島距離西之島僅有兩百公尺（照片2）。西之島也很年輕，是在一九七三年噴發誕生的，如今島嶼南邊再噴出一個小兄弟。這一島嶼誕生的壯觀畫面，美國太空總署的地球觀測衛星在二〇一三年十二月八日，就已經捕捉到火山噴發出來的礦物、海底沉積物、氣體和海水混合翻攪所呈現出來的特殊色彩。

新誕生的島嶼就命名為新島（27°14'44.16"N，140°52'36.12"E。圖2），火山爆發後的最初幾天，科學家們推測，

↑【照片 2】新島距離西之島大約只有兩百公尺。

新島的存在可能不會持續太久，因為海浪的侵蝕、鬆散的火山碎屑和灼熱岩石冷卻後的收縮，加上單純的重力下壓，都會使得島嶼沉沒在海平面之下。二〇一三年十二月初，新島的面積已經擴大到五萬六千平方公尺，大約是中正紀念堂面積的四成，日本氣象廳認為以新島的面積大小來看，此島至少還可以存活好幾年（照片3）。

在臺灣，通常我們會把目光放在菲律賓海板塊的西側，因為這裡是菲律賓海板塊衝撞臺灣的位置，然而在菲律賓海板塊的東側，有一個非常巨大的島弧，叫做伊豆—小笠原—馬里亞納弧，這個島弧是太平洋板塊俯衝撞擊菲律賓海板塊所造成的結果，島弧的南端為世界最深的馬里亞納海溝，最大深度高達一萬〇九百一十六公尺，幾乎要把三座臺灣的玉山丟進去並疊在一起的高度才能填得滿露出海平面。

↑【照片 3】新島

從伊豆大島延伸到關島，長達兩千八百公里的島弧上，遍布著海底火山和海底火山噴發後所形成的小島。例如面積有九十一平方公里的伊豆大島，就是一座從大約四百公尺深的海底火山所噴發升起形成的火山島，島上火山口的形態非常鮮明，也不時會有爆發，所以只要一有噴發，全島島民就必須疏散，所幸爆發不是三年、五年就來一次，最近的三次分別是一九一四年、一九五一年和一九八六年，中間間隔了三十七年與三十五年，如果這個規律保持下去，下一次噴發預計是二〇二一年左右。

相對於板塊運動，人類的壽命實在短暫如蜉蝣，一生的時間看不出來玉山長了多高，也感覺不到臺灣海峽窄了幾分，但是火山噴發造成一個火山島，地震引發地層裂隙釋放甲烷冰而形成島嶼，則是少數「瞬間」完成的地質活動大戲，瞬間到讓如蜉蝣壽命的人類能夠親身觀察地殼的脈動。或許，這種觀察多一點，人們就比較容易感受到地球的「生命」，或許，我們因此對大地之母也會多一分情意，少一分唯物；多一分呵護，少一分蹂躪吧！

座標點

若是讀者有興趣用 Google Earth 或是 Google Map 查找座標，在輸入時，度、分、秒都可以用空格替代，緯度與經度之間也用空格取代就搞定了，例如「27° 14'44.16"N，140° 52'36.12"E」，輸入 "27 14 44.16 N 140 52 36.12 E" 即可！

02 南方渦流傳奇

全球氣候是否真的暖化？暖化的現象很不正常嗎？要解答這些疑問，可以從研究古代氣候的變化歷史中尋找答案。而要研究古代氣候的變化歷史，則要從世界各地的巨厚冰層尋找線索。

巨厚冰層是飄落在南極的雪花一層一層的逐年堆積而成，有如樹木的年輪般，可用來計算冰層的「年齡」。每一層的冰層裡面總是會夾雜著，許多微小氣泡和灰塵，這保存了當年的空氣，可藉此分析該年空氣的成分比例，而灰塵的多寡則可以判斷多風的程度。

雖然聽起來很棒，不過取冰的任務是非常艱鉅的，擁有厚實冰層的地方大多荒涼而偏遠，好不容易抵達後，還必須鑽探數公里深的冰層取出冰芯，再送到研究室分析。辛苦的成果回報會相當豐碩，三．二公里長的冰芯，大約可以儲存十一萬年的氣候歷史資料。經過冰芯研究之後發現，過去十一萬年大概有二十次氣候產生「突變」，也就是突然變得極端，彷彿有一臺巨大的冷暖氣機，一下子有人開超強冷氣，一下子有人開暖氣。那麼，難道地球的熱量不會自動循環、自動調節嗎？

太陽直射地球的範圍在南回歸線和北回歸線之間，如果沒有熱量循環，赤道附近會愈來愈熱，而高緯地帶會愈來愈冷，那可就糟糕了！還好可愛的地球有兩大循環系統每分每秒辛勤地執行能量循環的工作。第一套循環系統叫做大氣環流系統，藉由空氣的流動傳遞能量；第二套系統叫做全球洋流循環系統，靠著海水

冰芯ㄒㄧㄣˋ（Ice Cores）

從冰川、冰原、冰蓋所取出的核心樣本。鑽探這些冰層所採集的冰芯，包含了灰塵、氣泡或放射性物質，可以用來解釋這個區域過去的氣候形態。

↑→【照片 1】好望角鄰近地區的海面經常瞬息萬變，一小時前還晴空萬里海面平靜，很快地烏雲罩頂，氛圍丕變，再接著狂風驟至，大浪拍石。

的流動來平衡能量。

全球洋流系統又叫做溫鹽環流，從字面上可以知道，環流主要受到海水溫度、鹽度的影響。海水在結冰的過程中，不是水的成分就被排除在外，如此一來使得有大量浮冰的高緯度海水鹽度升高、密度變大，於是會向下沉入海底，再從海底回流到低緯度的海洋，這是全球洋流循環系統中的一個重要引擎。全球暖化會導致高緯度的海冰逐漸減少，使得高緯海水的鹽度因而降低，於是這個引擎的效能就會降低，環流的效能也就跟著減緩，此時全球熱量與養分的循環系統就會出現大麻煩了。例如，靠近凱爾蓋朗海臺 (Kerguelen Plateau) 的深海水域，已經觀察到鹽分減少的證據，這種現象應該是暖化導致南極冰蓋融化所產生的結果。

全世界所有的洋流就像是人體的血液，把養分和熱量循環流通到四肢，如果血液循環不良，人就會健康狀況欠佳，

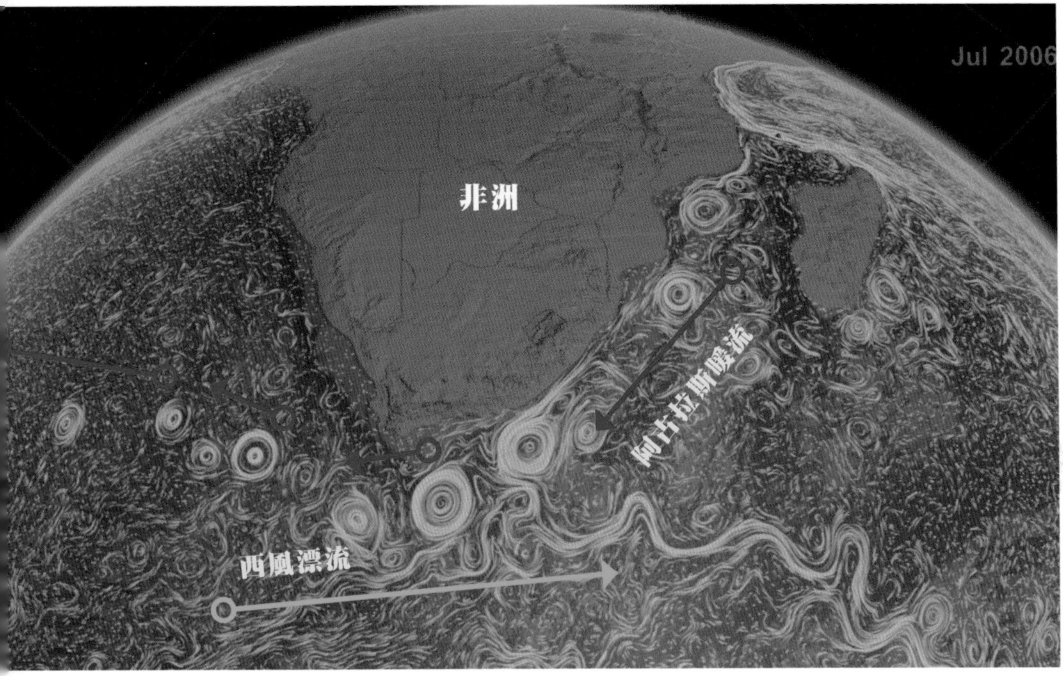

↑【圖 1】阿古拉斯暖流受到地形與周遭洋流的沖擊，每年可以產生大約六個巨大的渦流走向大西洋。

進而百病叢生，嚴重者甚至可能一命嗚乎。全球暖化破壞了溫鹽環流，弱化的溫鹽環流減緩了低緯的熱量向高緯輸送，結果使高緯的氣溫降低。那麼，未來歐洲的氣溫變化，真的會是先暖而後冷，先多雨而後乾燥嗎？如同《明天過後》這部電影中的情節，高緯度的紐約進入嚴寒的冰河時期？海面上漲而淹沒曼哈頓島？

非洲的東岸有一股名為阿古拉斯暖流的強勁洋流，這股洋流特別之處就在於會產生一連串的大型渦流，渦流直徑大約是兩百到三百公里，最大可達到驚人的五百公里（圖1），別忘了臺灣本島最長軸還不到四百公里呀！如此驚人的渦流，阿古拉斯暖流每年可以創造出大約六個！這些渦流的深度可達一千一百公尺，每天以五到八公里的速度移動。從印度洋一直往南，繞過非洲最南端的阿古拉斯角（Cape Agulhas，非洲最南端可不是好望角喔，照片1），進入大西洋後再一路往西北方向移

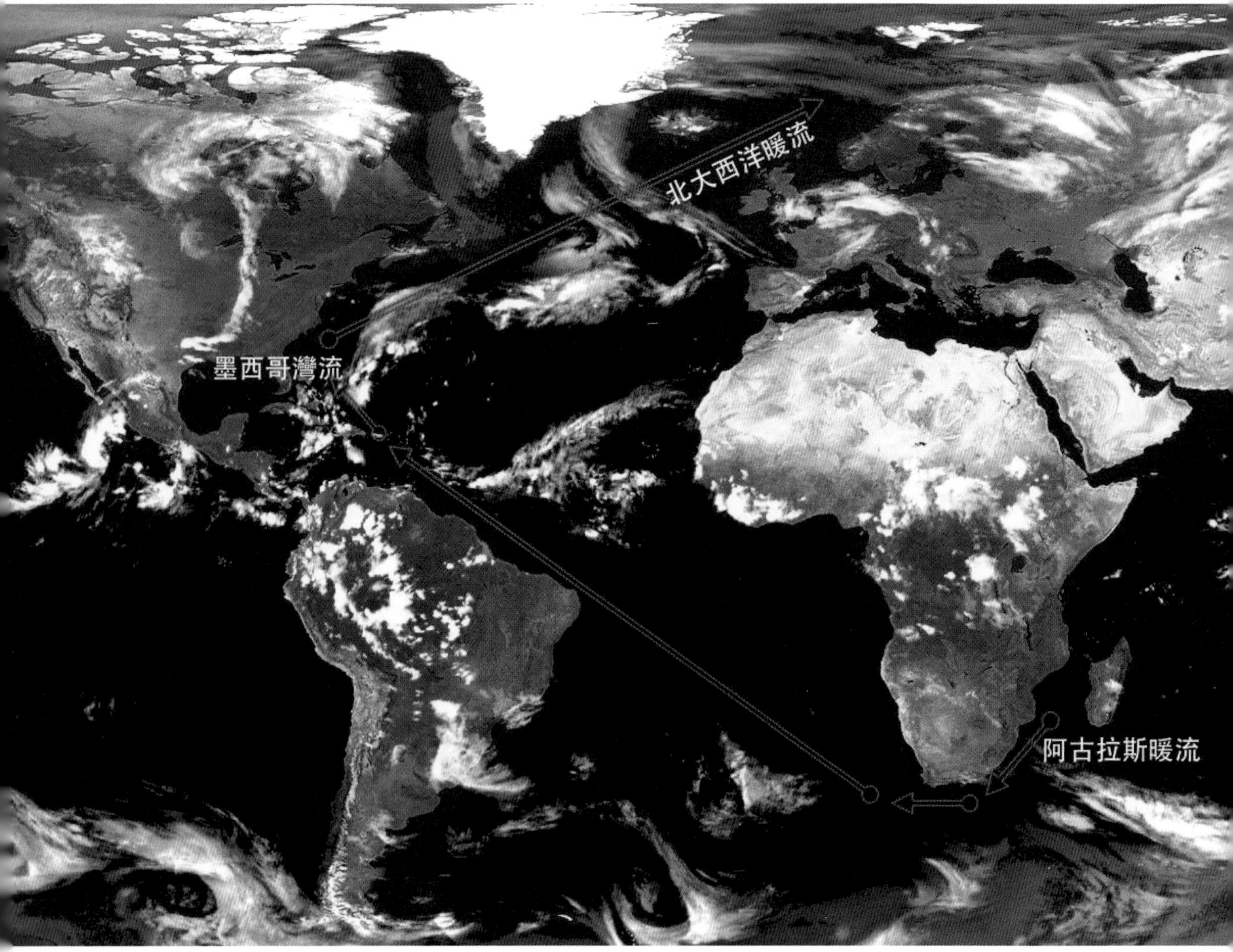

↑【圖 2】阿古拉斯暖流將印度洋的熱量輸送到遙遠的歐洲。

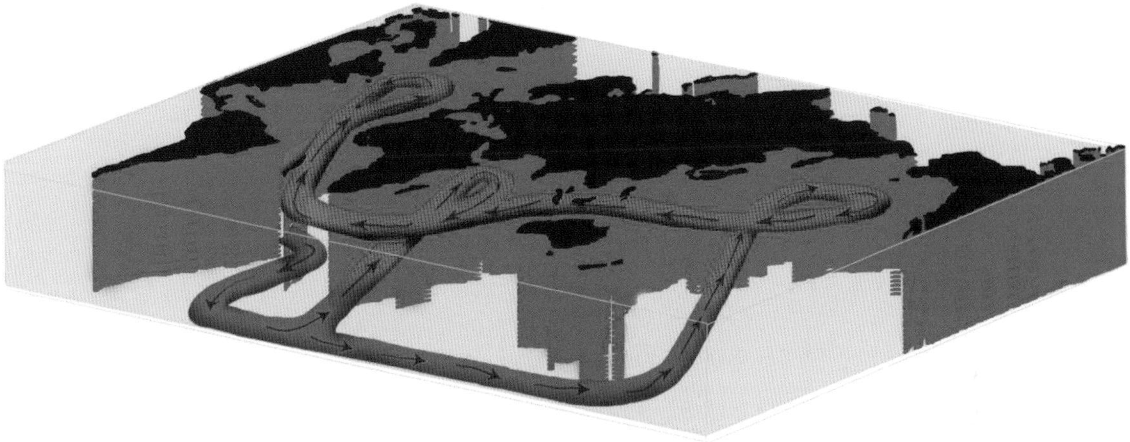

↑【圖 3】溫鹽環流每一千年循環一次，對於全球熱平衡以及營養鹽的輸送至關重要。

動，最後與南赤道洋流匯合，因而強化了墨西哥灣流。墨西哥灣流再繼續一路北上形成北大西洋暖流，溫暖了歐洲大陸，使得緯度極高的冰島、挪威、瑞典等國依然擁有適宜住人的區域。而北大西洋暖流配合西風，同時也把雨水帶進歐亞大陸孕育無數生命。

阿古拉斯暖流所產生的渦流，將大量的漂浮、懸浮物質（包括垃圾）困在漩渦之中，可以把海底大量有機鹽類帶到海水表層，促進藻類繁殖，甚至能把南印度洋的鹽類和熱能帶到大西洋（圖2），這對於全球熱能循環影響深遠。另外，科學家在南極的邊緣觀察到一股深海洋流，這股洋流速度奇快，可以高達每小時七百公尺，是南半球速度最快的深海洋流，以及到目前為止地球上最深的洋流。

阿古拉斯暖流把印度洋的熱能帶到大西洋，再從南大西洋傳送到北大西洋，接著水溫變低、鹽度變高，海水變得相對沉重，於是沉入海底，再從海底一路往南流回到南極。南極的深海洋流則一路向東流，分別流向印度洋和太平洋，最後又從太平洋回流，完成一整個完整的海洋循環（圖3）。一趟完整的海洋循環大約要花一千年，相對而言，人生真是短暫呀！

這條海洋輸送帶對於三大洋的能量交換，以及全球暖化造成部分溫鹽環流機制的效能低降，都扮演著舉足輕重的關鍵角色，如果人類毫不節制地排放溫室氣體，加速全球暖化效應，就會讓這條海洋超級輸送帶停滯，屆時極端氣候就會瞬間來到。

從長期的氣候歷史來看，正常恆溫的氣候是反常的，突變的氣候才是正常的，然而要精確預測氣候很困難，預測氣候趨勢則是相對容易。氣候的運作像是一套極其複雜的電腦操作系統，人類則是個電腦初學者，似乎知道系統的大致運作方式，但又不是很明白系統內每一條程式碼的意義與功能；明知道隨便亂改某些設定值會導致系統大亂，卻又不由自主地想試試看。

03 火燒中的地球

《史記．平准書》：「江南火耕水耨，令饑民得流就食江淮間，欲留，留處。」漢武帝在位時，山東因黃河水患搞到饑民相食，武帝因而下令山東的流民遷徙到長江與淮河之間，實施火耕水耨之法，也就是放火燒掉森林雜草，然後灌水種植水稻，百姓若想留在江淮，就准許他們留下來。從這裡可以看出來，火耕擁有悠久的歷史，實施火耕有許多好處：第一，省力；第二，增加地力；第三，削滅病蟲害。可是時到今日，火耕則產生了許多負面的影響。

當地廣人稀時，實施需要大面積土地的火耕是無所謂的，但在今日人口愈來愈多的情況下，火耕已經超越了土地的合理使用範疇。此外，全球暖化已是無可爭辯之事實，如何減碳已成為許多工業國家日思夜想的主要課題，面對碳排放量更是錙銖必較的項目。

火耕每燃燒一公頃的草地，比六千輛汽車所產生的汙染和影響還大，光是非洲，一年就燒掉了超過十億公頃的草地，那可是相當於兩百七十八個臺灣的面積呀！或許有人會想，或許是非洲這種經濟開發較落後的地區，才會有這樣大面積的火耕或天然火災吧！參考美國太空總署（NASA）所提供的衛星影像（圖1），很不幸的，全世界絕大部分地區，每一年都會「被火紋身」，而且紋得很有規律呢！

這些看似規律的火災有些是農耕的人為放火，有些則是大自然的規律，例如周期性的降雨、閃電和旱季。自然界的野火看似災難，但對於生態系統卻有健康的一面。野火有助於森林的更新，幫助保持樹木的年輕化，避免老樹占據土地，

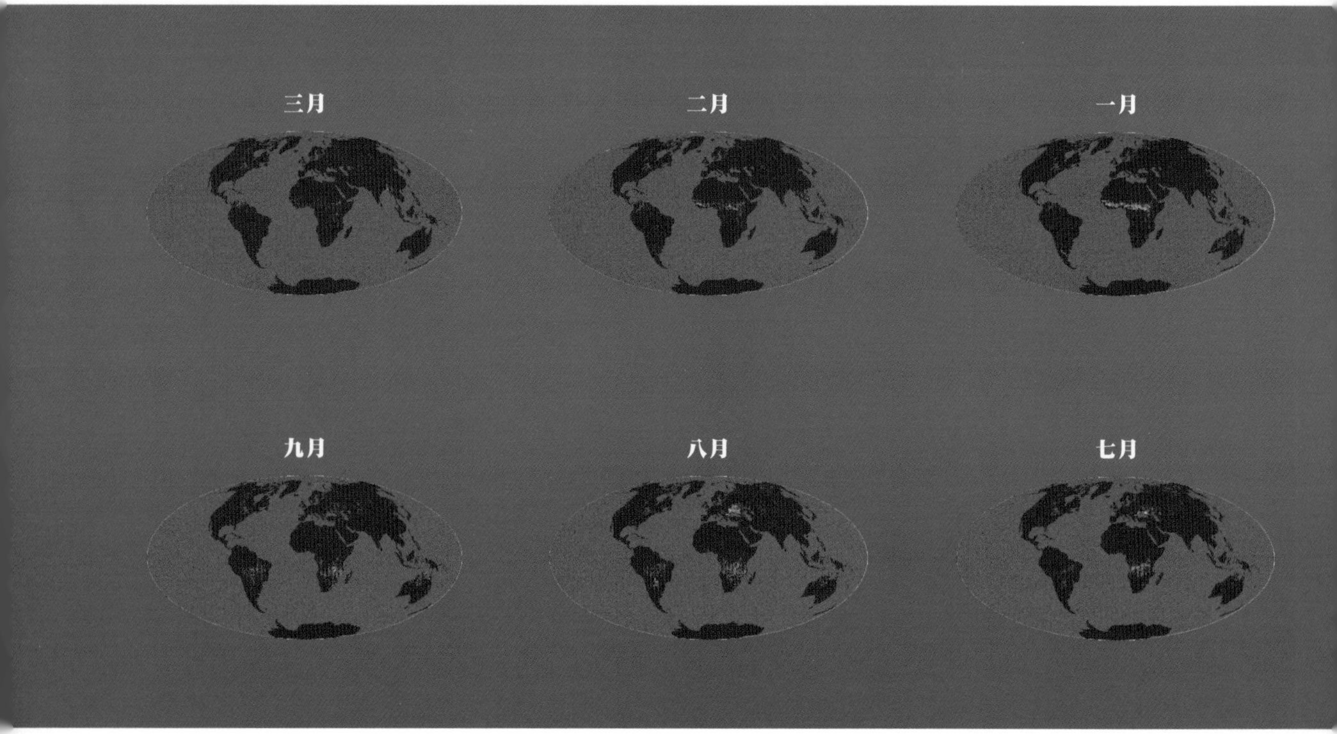

因為老樹不但吸收了大部分的地力，而且樹冠茂密，遮蔽了陽光，讓喜好陽光的幼樹無法生長，致使森林逐漸老化死亡。

目前最讓人擔心的狀況並非源於自然的野火，而是熱帶森林的濫墾與焚燒，這大約占了溫室氣體排放量的一六%，為的是發展經濟、擴大居住空間，以及最諷刺的：為了「環保」。

前些年石油價格高升，人們提出了「替代能源」的概念，於是大量的熱帶雨林被砍掉，改種能生產棕櫚油的油棕樹，然而人們忽略了地球上有超過一半的生物物種棲息在熱帶雨林，隨著熱帶雨林的消失，許多動植物物種亦將滅絕，這意味著許多未知科學的滅絕。森林是重要的生態平衡系統，提供大量的資源與服務，其滅絕將導致更大的貧窮與社會不安。

赤道以北的非洲每年從十月開始放

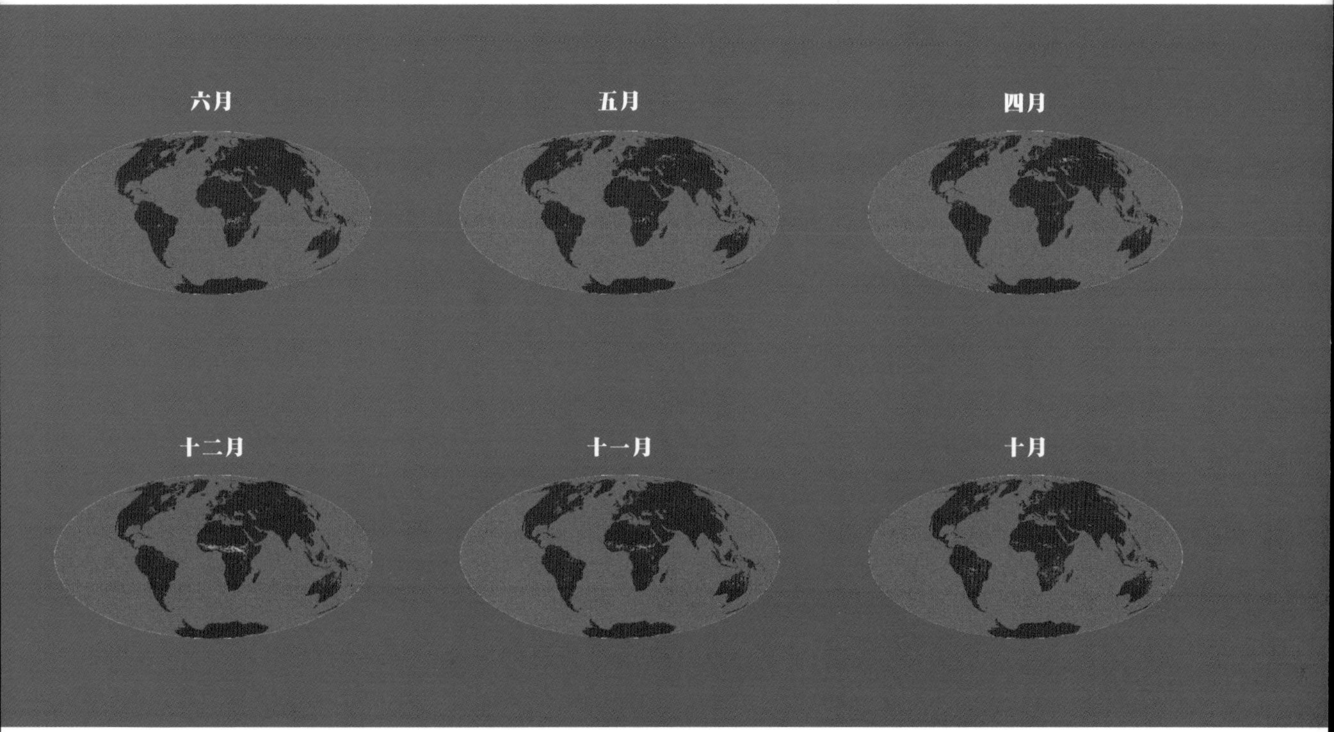

↑【圖 1】NASA 的土地衛星所拍攝的影像，根據每一千平方公里內火災發生的「次數」來給予不同的顏色，白色是指每一千平方公里內每天有高達一百次火災，黃色表示十次、橙色表示五次、紅色則表示每天一次。

火，隔年一月達到頂峰，然後零零星星地一直延燒到六月；赤道以南的非洲則是從一月接著放火，一直放到八月達到頂峰，之後也是零星放火，整個南非洲大地餘火不斷。十月是北半球的秋天，而四月則是屬於南半球的秋天，放火的日子都是選擇太陽直射點逐漸遠離的時候，也就是乾季開始的季節。在乾季結束之後，再利用雨季澆熄餘火，開始農耕。

澳洲除了大堡礁、沙漠、袋鼠和無尾熊之外，野地火災也非常聞名。自從白人到了澳洲以後，已經和野地火災奮戰超過兩百年，幾乎全年都有野地火災，並於夏季達到最高峰，連廣大的沙漠地區也不例外。

澳洲野地火災之所以頻繁，最主要的原因是乾燥，以及植物含油質成分的比例很高，另外，澳洲的沙漠並非乾到寸草不生，而是遍布著零星野草。野火

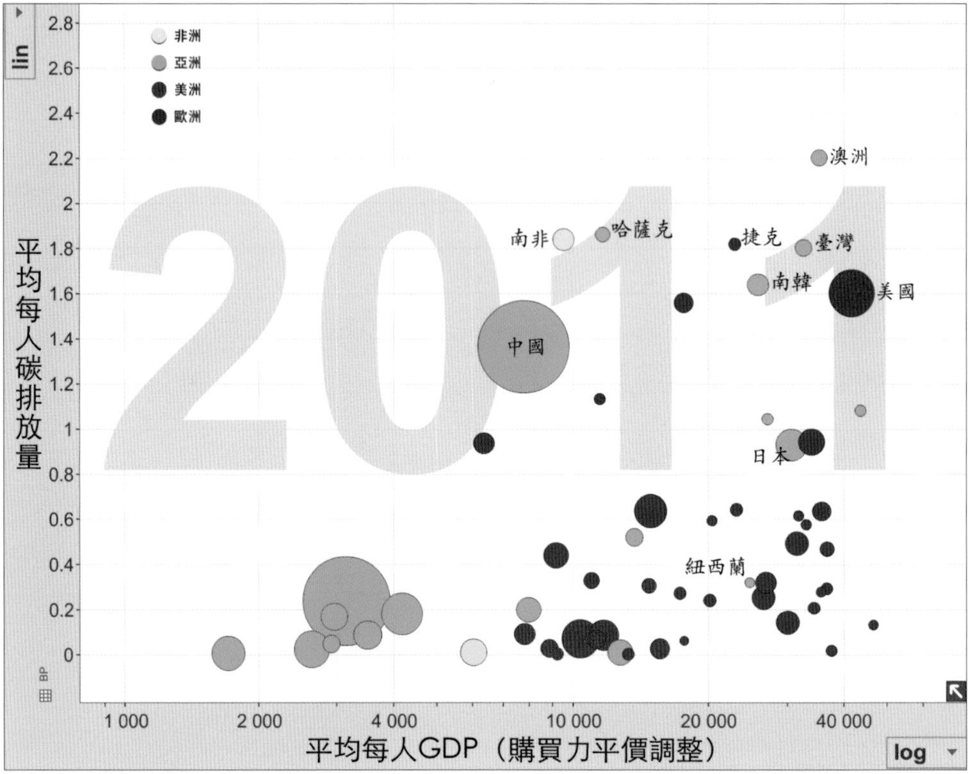

↑【圖 2】各國每人平均碳排放量，圓圈大小代表該國總碳排放量高低。

每年冬季從北部開始燒起，隨著太陽直射點往南，氣溫開始回升，野火就一路往南蔓延，可以持續幾乎一整年。

這些野火有時是人為造成的，例如二〇一三年十月澳洲軍隊進行實彈演習，然而該時正是野火的高峰期，結果進一步引發了澳洲東南沿海一帶的森林大火。這一場大火至少燒毀了四萬七千公頃的森林，相當於臺北市的一．七倍大，而排放出來的汙染，相當於兩億八千兩百萬輛汽車的廢氣，比全美國的兩億四千萬輛汽車還要多，非常驚人！

若論每人平均碳排放量（圖2），澳洲的數值也是無比驚人，高居全世界第一，二〇一一年每人平均碳排放量達到二．二〇三噸 (Statistical Review of World Energy 2013)，而鄰國紐西蘭顯然好得多，每人平均〇．三二一噸。其他亞洲每人平均碳排放量名列前茅的國家為：

臺灣一・八〇四噸（世界第五），南韓一・六四一噸（世界第六），日本達到〇・九三一噸（世界第十五）。

為何澳洲的每人平均碳排放量如此之高呢？主要是因為澳洲富產煤礦，因煤炭價格低廉而大量用作火力發電，再加上人口總數偏低，大大推升了每人碳排放數值。若再把每年野火所排出來的碳算進去，那恐怕會破表。

目光移到美洲，北美每年五月到十月之間，經常發生無法控制的野地火災，對於人民生命財產潛藏著巨大威脅。例如一九八九年發生在加拿大曼尼托巴省(Manitoba)的大火，超過一千二百處的火災點影響超過二百五十萬人。

為了解決這種幾乎年年發生的公共安全問題，加拿大政府創建了野地火災資訊系統（圖3），隨時公布最新的火災潛勢地區，或是火勢的分布地區，讓人民可以隨時防範、及早因應。

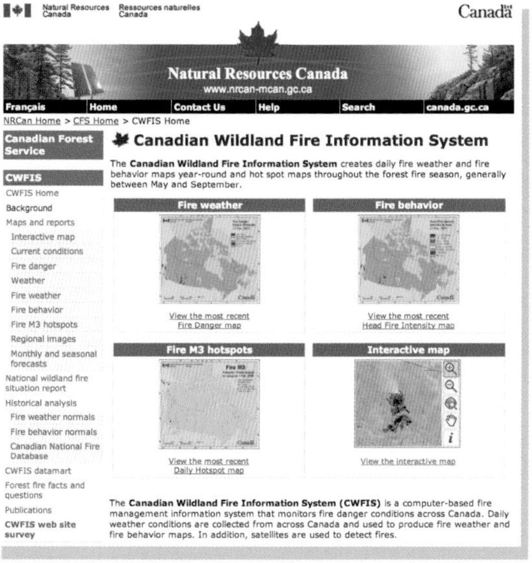

↑【圖3】加拿大野地火災資訊系統。

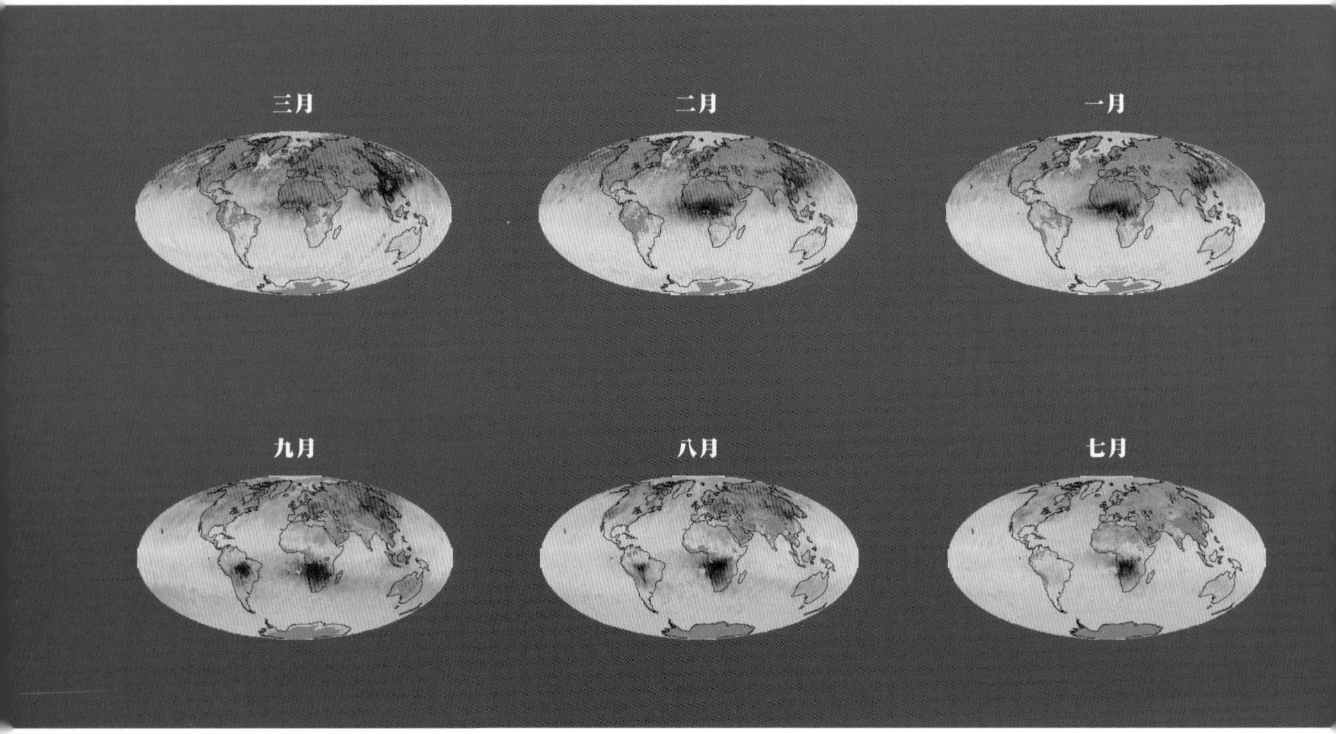

一氧化碳汙染

在新聞中經常聽到有人因熱水器安置位置不當，門窗緊閉不通風，而發生一氧化碳中毒。一氧化碳無色、無臭、無味、有劇毒性，和二氧化碳、甲烷、氧化亞氮、氫氟碳化物、六氟化硫及全氟化碳，同為世界各地許多國家所規定的主要空氣汙染物。

當碳基燃料如煤炭、木材、石油等，在燃燒不完全或效率低的狀況下，就會產生一氧化碳，而且會蔓延到整個對流層中（從地面開始至海拔七千至一萬一千公尺高，因緯度而有所不同）。

美國太空總署運用土地衛星收集海拔約一萬二千英尺（三千六百公尺）全球對流層的一氧化碳濃度月平均值，黃色區域表示很少或沒有一氧化碳，隨著濃度逐漸增加而顯示出橙色和紅色，灰色部分則是因雲層關係而缺乏數據的區

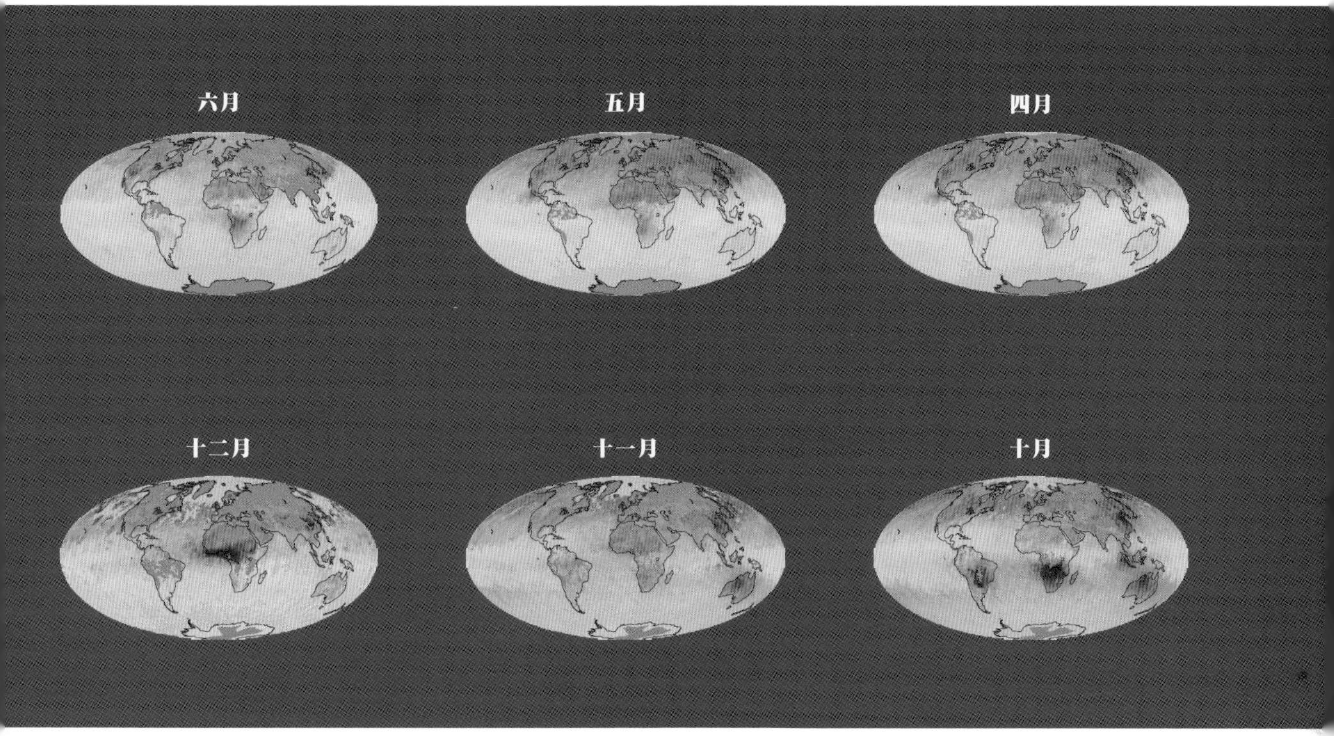

↑【圖 4】NASA 土地衛星所拍攝的影像，顯示在三千六百公尺高度的一氧化碳濃度月平均值，黃色表示很少或沒有，濃度愈高愈偏向紅色，灰色則表示沒有資料（例如雲層阻擋）。

域（圖4）。

從圖中可以明顯看出，非洲一氧化碳濃度的分布變化會隨著每年在不同地區、不同季節的野火分布而改變。野火是所有熱帶地區如亞馬遜盆地、赤道非洲、東南亞等地區一氧化碳的重要來源。

在經濟較發達的國家，一氧化碳濃度的變化則主要來自於汽機車、火力發電和工業排放的結果。這些空氣汙染亦會隨著行星風系和地方風系的影響，吹往不同的方向。

以臺灣為例，冬季季風由陸地吹向海洋，導致中國大陸的空氣汙染物會飄向臺灣，這時臺灣的空氣品質就令人擔憂；夏季季風則由海洋吹向陸地，此時風從一望無際的海上吹來，臺灣的空氣品質就會明顯地改善許多。

一氧化碳在大氣中屬於微量氣體，它不像甲烷、二氧化碳等物質會直接影響全球暖化，但當一氧化碳碰到臭氧時，就有機會變成二氧化碳和氧氣，因此一氧化碳的氧化影響著臭氧消失和二氧化碳形成，且對於城市空氣汙染的諸多化學反應，也有著一定影響力。

水蒸氣

其實在所有溫室氣體中，水蒸氣的比例最大，所產生的溫室效應大約占整體的60% 至 70%，但因為水蒸氣在大氣中的含量穩定，不像其他溫室氣體會有累積的現象，所以在討論溫室氣體時，通常不會考慮水蒸氣。

04 地震與臺灣

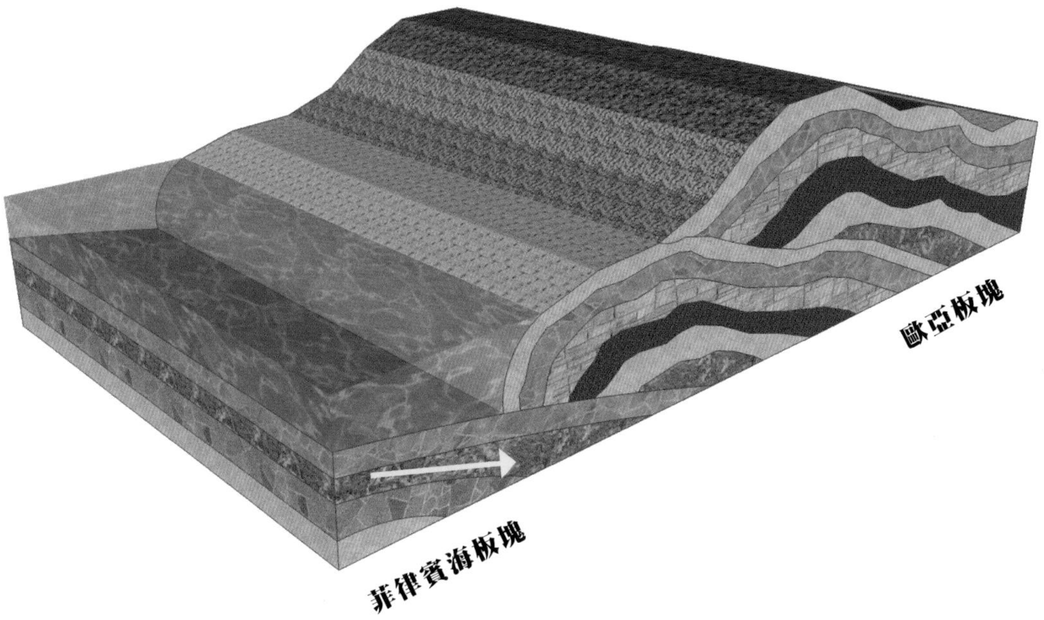

↑【圖 1】菲律賓海板塊推擠潛入歐亞板塊之下，以臺灣為例，歐亞板塊受擠壓而褶曲，產生彈性位能，地層斷裂時會釋放位能而引發地震。

如果突然感覺頭暈，通常會想是不是太累了？貧血了？又或是最近壓力太大了？當然還有一種可能：是不是地震來了？地震這一詞可真是牽動著大家的敏感神經！

臺灣位在太平洋火環地震帶的西側，屬於歐亞板塊與菲律賓海板塊西側的交接帶上。菲律賓海板塊的密度較大，歐亞板塊的密度較小，所以當菲律賓海板塊衝撞臺灣島時，會沉沒隱入歐亞板塊之下，一面向西北移動推擠臺灣，造成臺灣島不斷地升高、不斷地褶曲，同時也不斷地斷裂。在岩層斷裂之前，因褶曲而蓄積的彈性位能愈大，斷裂後釋放出來的能量就愈大，地震規模也就愈恐怖（圖1）。

仔細瞧瞧菲律賓海板塊撞進臺灣的位置，會發現猶如一個拳頭打到臺灣的

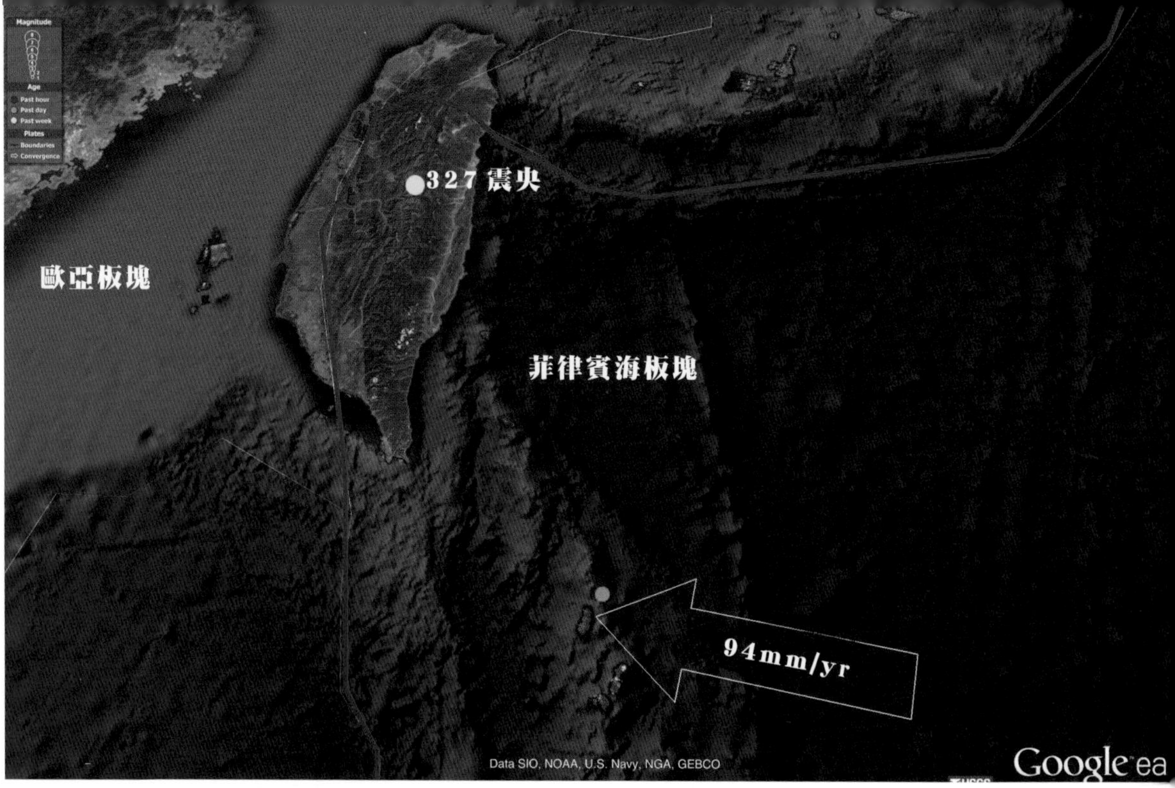

↑【圖 2】菲律賓海板塊一拳打進臺灣的腹部，每年以九十四公釐的速度向著西北方向前進，自從日本的 311 地震之後，首度觀測到菲律賓海板塊的移動速度比過去加快了六倍。

腰部（圖2），由於力量集中，所以推擠的效果特別好，使得臺灣擁有兩百六十八座超過三千公尺的高山。而日本更是誇張，臺灣是兩個板塊擠壓，日本卻是四個板塊擠在一起，多種力量相互交錯，地層肯定是裂痕處處，結果是溫泉到處噴，創造出了日本特有的泡湯文化。日本雖然溫泉多、火山多，高山卻沒有臺灣多，主要是因為板塊的相對位置不同，以及板塊形狀和擠壓力道不同。臺灣的高山很多，意味著臺灣褶曲得非常劇烈，也意味著許多岩層都斷裂得一塌糊塗，難怪臺灣的地震沒有日本來得頻繁且劇烈。

參考臺灣近四十年來地震震央的分布圖（圖3），紅色表示震央深度在〇到十五公里之間，橘色表示十五到三十公里，黃色表示三十到五十公里，其他顏色震央深度在五十公里以上。從圖上可以明顯看得出來，往東部外海方向，震

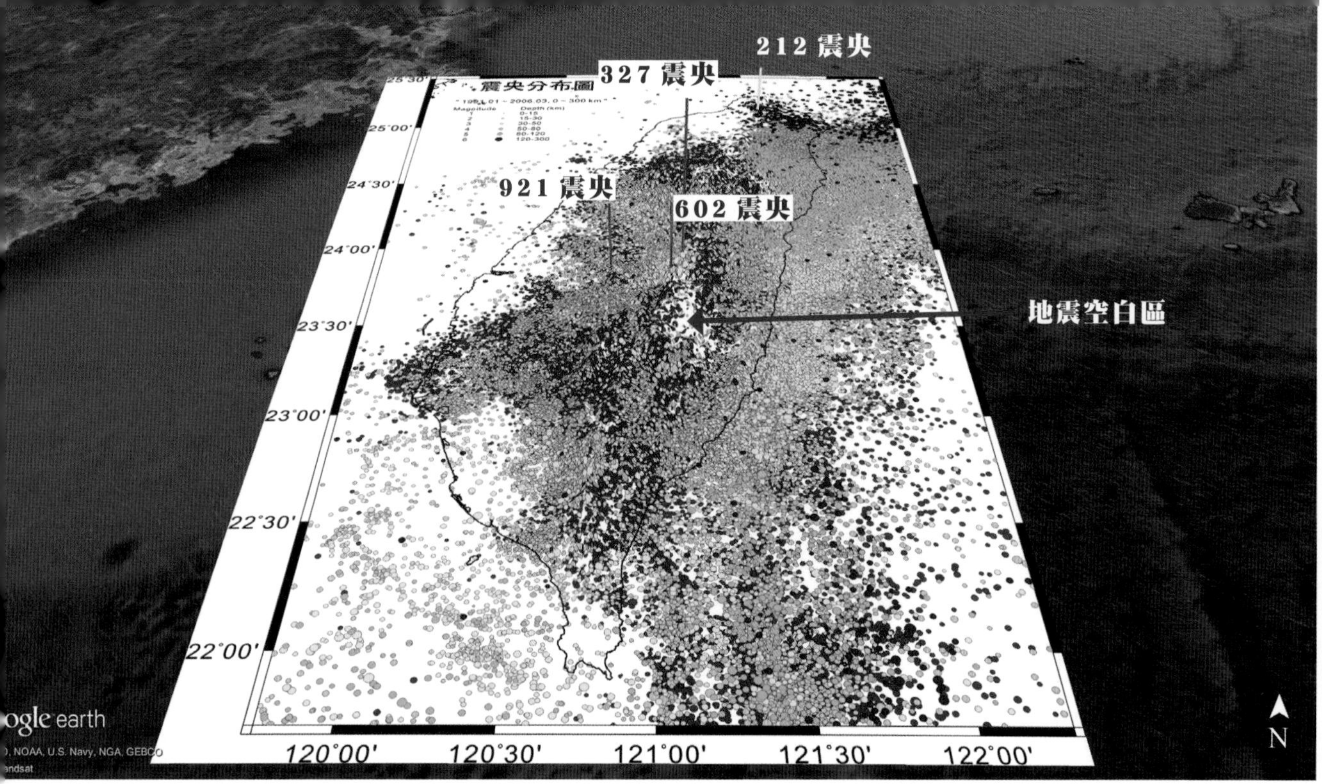

↑【圖 3】過去四十年來分布在臺灣各地的地震震央，不同顏色代表不同深度的震央，紅色最淺層，再來是橘色、黃色、綠色、淺藍、深藍色。部分地區明顯沒有震央的產生，稱為地震空白區。

央深度比較深，而發生在臺灣山區的地震震央大多是紅色，屬於淺層地震。臺灣中央山脈地區比較接近菲律賓海板塊和歐亞板塊的聚合邊界，地殼褶曲的最上部分地層容易在近地表處產生擠壓、錯動而形成斷裂面，於是淺層地震的發生頻率較高；相對的，東部外海距離板塊聚合邊界較遠，所以地層褶曲而引發斷裂會在距離地層表面較深的位置，因而若是發生地震，震央位置較深的頻率會較高。

二〇一三年三月二十七日南投縣山區發生規模六．二的地震，中央氣象局地震中心的資料顯示，震央深度為一九．四公里，中央研究院寬頻網則是定位出二十六公里。在三二七地震震央的南方和北方，各有一大塊白色區域，其顯示出過去四十年來幾乎沒有地震震央發生在這裡，所以這些白色區域又叫做地震空白區。

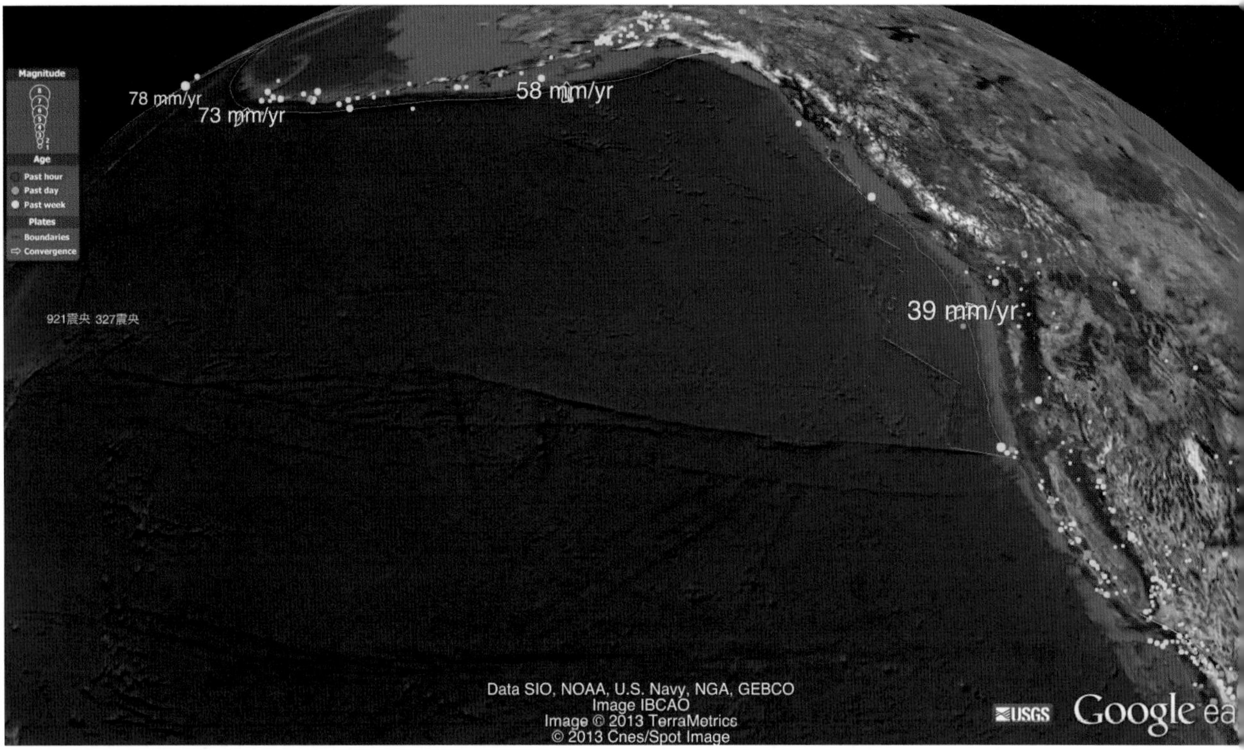

↑【圖 4】327 地震的當下，美洲西岸也同時發生大小不等的地震。黃色圓點是以 327 為準，過去一週的地震，橘色圓點則是過去二十四小時的地震。

地震規模

地震規模和地震釋放的能量有關，以沒有單位的數字來表示。震度和規模不同，震度是指搖晃程度，原則上距離震央愈遠，搖晃程度愈小，所以震度也就愈小。換句話說，一次地震發生時，只有一個地震規模數值，但各地的搖晃情形不同，震度數值會有多個不同。

太平洋火環帶

又稱環太平洋火山帶、環太平洋地震帶，這是由太平洋板塊、北美洲板塊、菲律賓海板塊等多個板塊相互擠壓、平移、潛入等構造作用所造成的。全世界九成的地震都在此帶發生，6% 的地震發生在喜馬拉雅山 (Himalayas)—地中海地震帶，4% 發生在大西洋的中洋脊。

由於三二七地震震央相當接近地震空白區，於是就有學者擔心是否意味著未知的岩層斷裂面在擴大生成。此外，不同的政府單位測到了不同的震央深度，可能意味著此次地震斷裂面是垂直的，表示極有可能是板塊擠壓所導致的陸地隆起，進而產生的岩層斷裂。六十六天後的六月二日，南投在接近地震空白區的地方，又發生了一次震央深度一四．五公里、規模六．五的地震。臺灣在板塊運動的擠壓下，不斷地褶曲、斷裂、釋放能量並且向西移動，最終必將會與中國大陸相連，只不過那是數百萬年以後的事，你我都早已成了石油。

當三二七、六〇二地震發生的當下，不只有臺灣，整個火環帶在二十四小時內就發生了好幾起地震。若是將時間拉長到一週，畫面就更精彩了，整個火環帶到處都是地震，從阿留申群島到阿拉斯加，再到美國西岸、中美洲、祕魯沿岸，密密麻麻的到處都是（圖4）。這時才會突然醒悟，是啊！地殼是會動的，而且分分秒秒都在動，差別只在於有時地層沒斷裂，有時小小地斷一下，久久則來個驚天滅地的大地震。至於會不會有大災難，那就要看有沒有人員傷亡，如果有大量傷亡，那當然是重大災難；如果沒人傷亡，那就只是個「事件」，甚至只是個地震「紀錄」罷了。

⊕ 盲斷層

二〇一三年的三二七、六〇二地震引起一個有趣的話題，那就是地震的震央均非發生在任何一個已知的斷層上，因此學者猜測震央的位置可能存在著一個

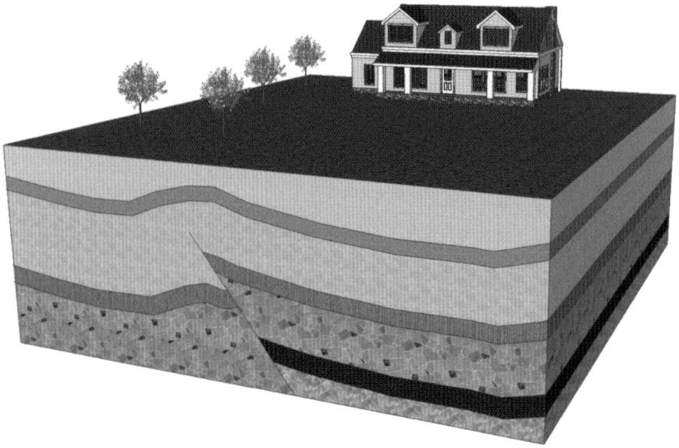

→【圖 5】岩層的斷裂面並未延伸到地表，而是在地表之下，這種隱而不顯的斷層稱之為盲斷層。

盲斷層。什麼是盲斷層呢？一般所謂的斷層指的是岩層的斷裂面，當斷裂面延伸到地表，在地表面上產生裂痕，我們自然可以很容易觀察到，也就會將斷層位置記錄下來（圖5）。但是，如果斷裂面並未延伸到地表，而是隱藏在地表之下，即使以現今人類的科技能力，仍不容易發現這些斷層。這種不易發現、卻又實際存在的斷層，就叫做盲斷層。

讀者或許會想，人造衛星可以拿來探勘大地資源，不是可以監看地表之下的斷裂面嗎？多年前有一部電影《全民公敵》，當中可以感受到衛星監控的強大威力，然而這都是可見光的範圍，若是跑到房子裡或是隧道裡，衛星就沒輒了。如果改用紅外線呢？紅外線對植被監測的效果很好，愈健康的植物在紅外線的監測下愈顯鮮紅，反之則偏黑色，所以紅外線拿來監測農作、山林濫墾濫伐效果都非常棒，卻看不到地底下。若是利用雷達發射不同波段、波長的雷達波，雖能夠穿透地表，然而特定波長的波也僅能對特定物質或元素有所反應，透射到地下的深度也有限，若要拿來看透地質的結構，甚至是地層的裂隙形態、位置，都有實際上的困難。如今要瞭解地質狀況的方法，仍是用最直接的地質鑽探最清楚，只是這種到處打洞的方法需要耗費龐大的人力和物力，尤其是在偏遠地區更是艱難。

臺灣的盲斷層多嗎？既然盲斷層是地表看不到的，也不在已探勘出的斷層列表中，所以答案當然是不知道。不過，我們大致知道臺灣的板塊運動方式，所以可以很篤定地推論說：盲斷層一定很多。說「大致知道」並非不負責任，而是在板塊學理方面，人類所知的實在很有限，如果我們可以把地球剖開來，事情就好辦了，然而以人類目前的科技是做不到的。打個比方，如果把地球當作是一顆蘋果，那麼目前即使是最深的礦坑，也不過是挖穿蘋果的表皮罷了，也就是說，讀者所看過的地球剖面圖，其實都是想像出來的！可別說這是呼攏你，至少那是現今科學技術下的「最佳猜測」。

⊕ 四川地震

自一七八六年以來到現在，四川地區地震規模達到六以上的共有十八次，平均十三年就有一次大型地震。此外，規模超過七以上的有九次，更有一次達到八的，這就是赫赫有名的汶川大地震。汶川大地震發生於二〇〇八年五月十二日，共造成近七萬人死亡，三十七萬人受傷，一萬七千多人失蹤，這正是板塊的強烈擠壓所產生的嚴重災害。

印度與澳洲屬於同一個板塊，稱為印澳板塊。印澳板塊衝撞歐亞板塊，不斷向歐亞板塊下插入，同時，印澳板塊每年向東北北方向推擠前進四．八公釐，不斷向水平方向推擠並導致歐亞板塊的褶曲，被折彎的地層終究會產生裂痕，並進一步導致地層斷裂，於是所累積的能量就會在斷裂時釋放出來，發生地震。釋放的能量愈大，就會引發超可怕的大地震（圖6）。

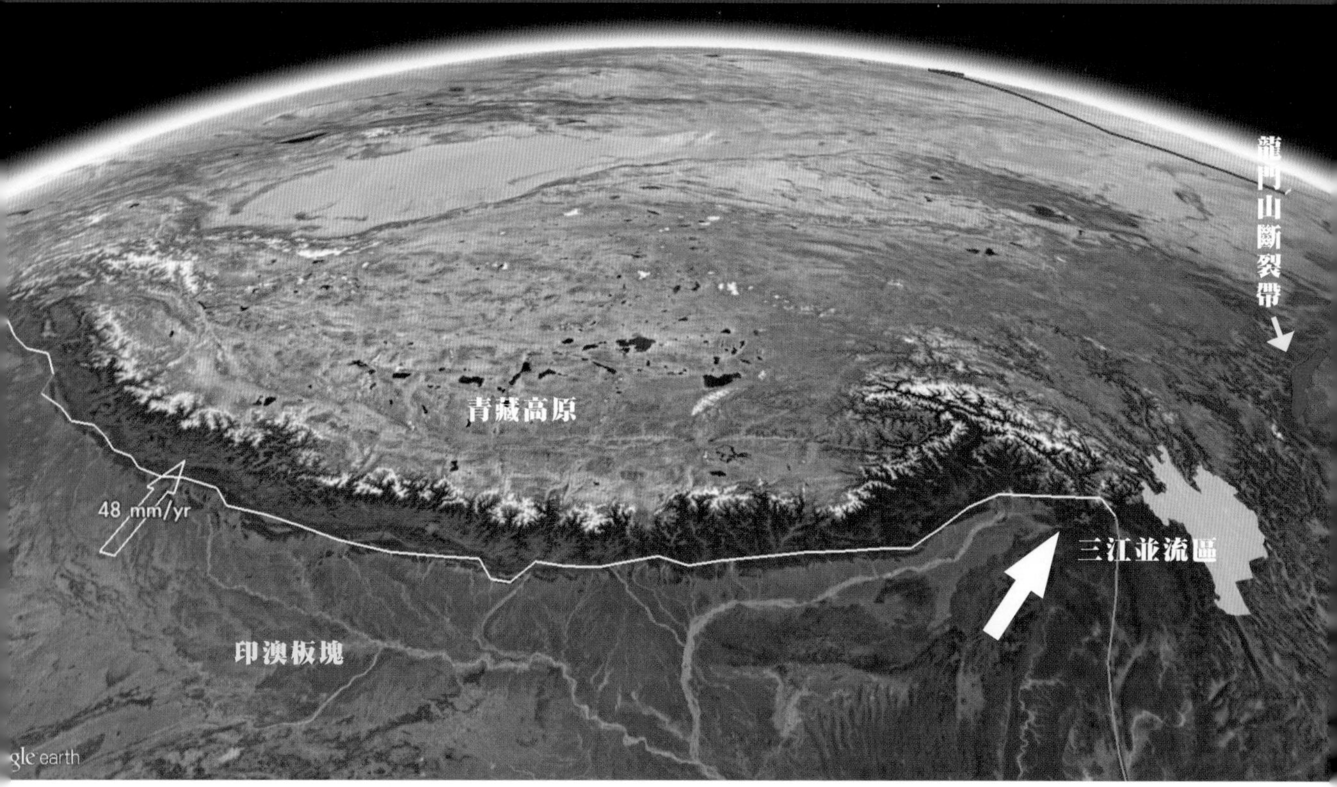

↑【圖 6】印澳板塊每年向東北北方向推擠四．八公釐，在印度東北角擠出了一個三江並流區，也造就了無數的褶曲、斷裂。而龍門山斷裂帶「恰巧」與這推擠方向平行。

印澳板塊的推擠對於四川地區來說特別的嚴酷，在印度的東北角，印澳板塊的尖角正對著西藏、雲南、四川衝撞而來，尖角的力量特別集中，所以產生的效果特別「顯著」，於是形成了巨大的滇西縱谷，以及被列為世界自然遺產的三江並流區（怒江、瀾滄江、金沙江）。而尖角衝撞的力道方向，與龍門山斷裂帶的方向大致平行，兩者之間必然存在著因果關係。

根據過去的資料顯示，龍門山斷裂帶如果移動五十到七十公尺，所積累的能量足以產生一次地震規模七以上的地震，若是以每年移動半公分的速度來計算，大約一萬到一萬四千年就會產生一次。一萬年……我們很快會想到已發生過地震規模八的汶川地震了，是否四川地區在萬年之內都平安無事，再也不會天搖地動了呢？可惜事實並非如此，龍門山斷裂帶是由三條平行的斷裂帶所組

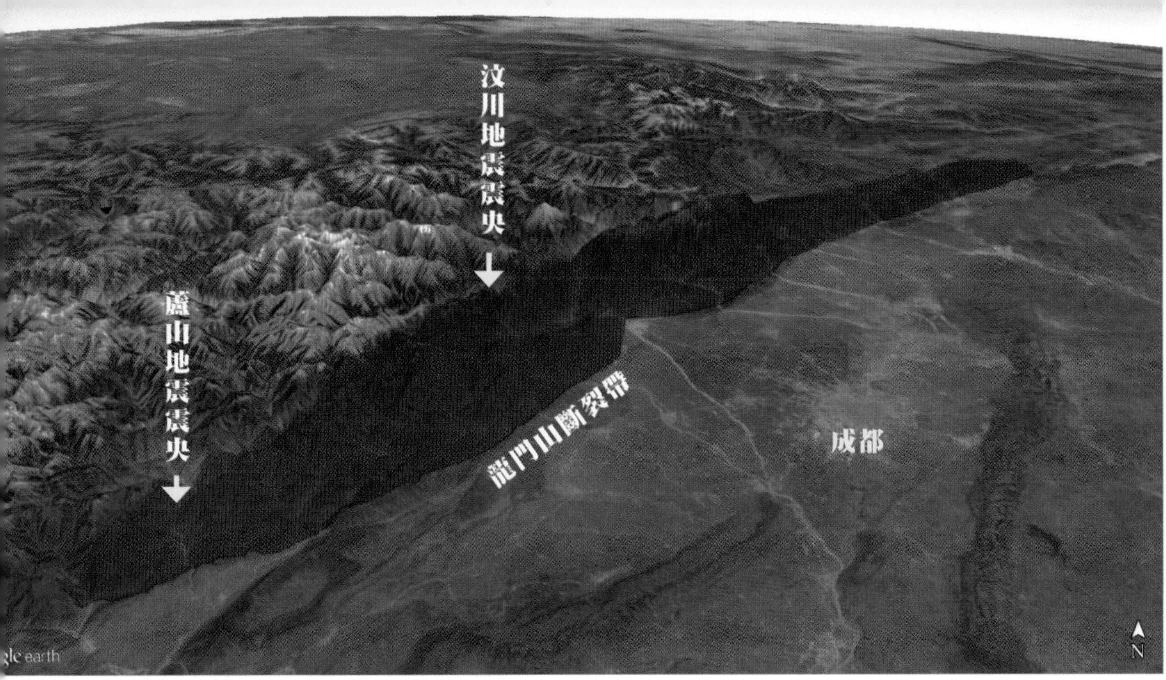

↑【圖 7】龍門山斷裂帶呈現東北—西南走向，汶川大地震時斷裂面向震央的東北延伸，西南方向的斷裂面卻無動靜，引人疑竇。果然五年之後，汶川地震震央的西南方又出現了蘆山地震。

成，呈現東北—西南走向，長約五百公里，寬達七十公里（圖7）。在如此廣闊的範圍內，已知地層錯綜複雜不說，未知的盲斷層也不知有多少。雖然汶川地震引發一連串的斷層錯動位移，但是不是還有其他的斷層尚未移動猶不可知。不幸地，二〇一三年四月二十日四川雅安市蘆山縣又發生一次地震規模七的大地震，這次的震央距離五年前汶川大地震震央只有九十六公里。由於蘆山地震和汶川大地震均屬於逆衝斷層所引發的地震，而且都位在龍門山斷裂帶的範圍內，震央直線距離又不遠，所以美國地質探勘局(USGS)和日本氣象廳都認為蘆山地震是汶川大地震的餘震。

汶川大地震發生後，地質觀測發現地層破裂從震央向東北延伸發展，西南方向反而沒什麼動靜，這種狀況引起少數地震專家的注意與研究，進而提出「預測」。加拿大蒙特利爾大學工學院教授嵇少丞就是其中一位，他在二〇〇九年五月出版的《地震與中國大陸形影相隨》一書中就明確提到：「龍門山南段將要發

逆衝斷層

逆衝斷層又稱逆斷層，通常在斷裂面的兩側受到擠壓力，使得斷層上盤相對於下盤往上移動。如此一來，經常使得位置較深、較老的地層，跑到位置較淺、較新的地層上方。

生地震……地點估計在雅安的天全縣、寶興縣一帶。」地震預測必須提出關鍵的三要素：時間、地點和規模。以蘆山地震而言，嵇教授就命中了地點。另外，四川測繪院曾提出一個事後看來準確的預測：

「特別是二〇一三年二月十六日到二十日進入中小震的高發時段，在強震危險區附近發生了多次有感地震，強震的發生進入短期階段……未來三個月是強震發生的優勢時段。」

就蘆山地震而言，這份報告的地點、時間都正確，僅規模稍有偏差。然而這份報告就像往常一樣只是預測，並沒有變成「預報」，原因當然是這種預報茲事體大，沒人敢打包票負責任的。隨著地震資料愈來愈豐富，地質、地層等知識愈來愈卓越，長、中期地震預測也就愈來愈有譜，但是短期預測還是力有未逮，如想在地震來臨的前一天發出警報通知人群避難，是目前科技下不可能的任務。

「地震無法預報」這樣的觀念似乎並未被所有人接受，二〇〇九年義大利的拉奎拉 (L'Aquila) 地震發生後，造成兩百九十人死亡，一千五百人受傷，幾位科學家和一名前政府官員因未能提出足夠精確的預告，竟被地方法院依過失殺人罪判處六年徒刑，引起歐美科學界一片驚慌和撻伐。這個判決讓科學界的人認為：要是科學家依據科學基礎做出判斷，卻要為結果不準確而接受懲罰，那麼科學家未來只會發表「完全正確」的研究，這可能使科學發展因此停滯不前。

05 消失的湖泊

↑【圖 1】衛星影像顯示伊朗北部的烏爾米耶湖在西元兩千年的面貌，到了二〇一二年急縮到只剩最大湖面的 38%。

⊕ 烏爾米耶湖 (Lake Urmia)

烏爾米耶湖是大多數人都很陌生的湖，它是中東地區的最大湖泊，也是世界第三大鹽水湖，位置在伊朗的西北部，面積達到四千五百平方公里，相當於花蓮縣的面積。可惜湖水超級鹹，所以水裡沒有魚，但有一種耐鹽的豐年蝦（鹵蟲屬）大量生存在湖中。豐年蝦誘惑著超過兩百一十種鳥類、四十一種爬蟲與兩棲動物，以及二十七種哺乳動物到此覓食，使得湖區的生物多樣性極高，聯合國教科文組織(UNESCO)特將此區註冊為生物圈保護區。

烏爾米耶湖的周遭都是乾燥的沙漠，很難想像這裡曾是古老的人類定居點。大約在七千年前，相當於新石器時

生物圈保護區 (Biosphere Reserves)

為聯合國教科文組織所提出的一項概念，指受到保護的陸地、海岸帶或海洋生態系統的代表性區域。截至二〇一一年，該組織已經認定了一百一十四個國家的五百八十個地區為生物圈保護區。

代，就有人類在此活動、居住，留下不少遺址。考古證據顯示，這裡有農業和世界最古老的葡萄農場與酒廠。如今，烏爾米耶湖半徑五百公里的範圍內，估計居住著七千六百萬人，而且生活上與烏爾米耶湖直接或間接相關；然而棘手的是，因為烏爾米耶湖逐漸乾涸，許多人相信此湖即將消失。運用Google Earth的歷史衛星影像，可以清楚發現烏爾米耶湖從一九九九年開始急劇縮小，二〇一二年直接量測湖水剩餘面積時，縮減為大約一千七百二十平方公里，也就是只剩下原來湖面的三八%（圖1），短短十三年間，湖面平均每年消失了兩個新竹市的面積，非常驚人。

到底是什麼原因導致湖泊消失呢？有研究認為六五%的原因是氣候改變以及河流上游的引水灌溉，使得進入湖水的水源減少，另外二五%的原因在於水壩的攔阻，最後一〇%的原因則是湖泊地區的降水量減少。

烏爾米耶湖的名字來自湖畔的烏爾米耶市(Urmia)，「烏爾米耶」的原意就是水邊的城市，如今沒水了，人們只好被迫離開家園。該地目前已經有五十個村莊被遺棄，未來估計會有六到八個城市被「鹽風暴」摧毀，若果真如此，那麼將會有四十四萬人流離失所。鹽風暴是來自於逐漸乾涸的湖面所積累的厚厚鹽層，估計達到八百億噸，大約相當於臺灣兩千三百萬人吃七十一年稻米的總重量。大風捲起鹽粒吹送到遠方，會使周遭土壤逐漸鹽化，鹽化再使得農業慘遭摧殘，而且民眾的呼吸道疾病因此快速增加。

為什麼該地的天氣會逐漸轉為乾旱呢？或許一開始確實是湖區的降水量減少以及上游的引水灌溉，進一步則是由於湖面縮小導致蒸發量減少，使得此區能獲得降水的機會更加艱難，而變得比過去更為乾旱。

居住在湖區的居民幾乎都是少數民族，包括亞塞拜疆土耳其人、阿拉伯人、庫德族人等，這些少數族裔長期遭受法律上的不平等對待，使湖區一直是伊朗的不穩定地區。對於如今烏爾米耶湖乾涸，不但伊朗議會拒絕通過整治烏爾米耶湖的緊急方案，伊朗政府也未對整治做出任何積極作為。湖區附近少數民族亦認為伊朗政府不但沒有意願拯救烏爾米耶湖，而是企圖藉著湖泊乾涸來實行種族清洗行動，讓此區有如定時炸彈般潛伏著各種危險因素。湖泊乾涸牽扯的不僅是人類不當作為導致自然環境的破壞與改變，還糾結著不同族群之間利益與文化衝突的地緣政治難題。

鹹海 (Aral Sea)

消逝的湖泊中，最知名的當屬曾是世界第四大鹹水湖的鹹海。鹹海位處內陸，距離地中海最近直線距離達兩千多公里，到波斯灣也要一千五百多公里。直覺上，這種離海遙遠的內陸湖泊，湖面上應該是除了虛無還是虛無，然而真實的狀況卻是一八四七年俄羅斯曾在此建立海軍，漁船數量更是不在話下，不過，這些都已經是歷史畫面了。

在上個世紀六〇年代，當時的蘇聯政府為了提高棉花和稻米的產量，將注入鹹海的阿姆河 (Amu Darya) 和錫爾河 (Syr Darya) 加以修建水圳，擴大兩條河川灌溉到農田的用水量。效果非常好，烏茲別克迅速成為世界上最大的棉花出口國之一（二〇〇六年為世界第六大棉花生產國和第二大棉花出口國）。

說到底，從大自然取得的，都是必須付出代價的，然而這一次的代價顯然超過了預期。隨著鹹海水位從平均水深五十三公尺降到平均二十公尺，部分湖岸退到離原有岸邊一百多公里，裸露湖床的鹽分以及鹽度日益升高的湖水，殺死了湖邊眾多的野生動物。此外，湖區的氣候也跟著改變，冬天變得更酷寒，夏天變得更炎熱，湖區周遭降水量則變得更少，甚至影響到遠方山上的降雪量，進而導致冰川退縮、夏季融雪量減少等一連串環境循環因素的連鎖反饋。當強風捲起鹽分（包括化肥汙染）甚高的沙塵，使周遭數百公里範圍內的牧草產量下降，畜牧業也遭受到嚴重打擊。鹹海的萎縮，已然成為這個星球上最嚴重的環境災難之一。

鹹海本來是哺育當地居民的泉源，當鹹海死了、消逝了，當地居民想健康活下去的唯一方法只有離開。蘇聯政府曾經用飛機空運活魚投入鹹海，希望能增加漁獲量，但是過鹹的湖水讓所有魚都死絕了，只有一種長相奇怪的比目魚例外。說牠長相奇怪，是因為當地人沒見過這種兩隻眼睛長在同一邊的魚，還以為是受到輻射或化學汙染的畸形魚，所以不太有人敢吃，當地漁夫也不會捕這種底棲型魚種。直到一個丹麥遊客輾轉協助當地漁夫取得專捕底棲魚的拖網漁具，並教會當地漁夫操作拖網的方法，北鹹海畔的漁村才如奇蹟般開始復甦。

為了不讓鹹海繼續乾涸，各國緊隨而來的救援計畫，包括世界銀行貸款資助哈薩克政府六千五百萬美元，在二〇〇五年完成十三公里的長堤來拯救北鹹海，長堤的功能主要是為了阻擋錫爾河注入北鹹海的水不要流到烏茲別克，現在北鹹海的水位已經上升到四十二公尺，湖水表面積的增加則更為顯著，湖水鹹度也不

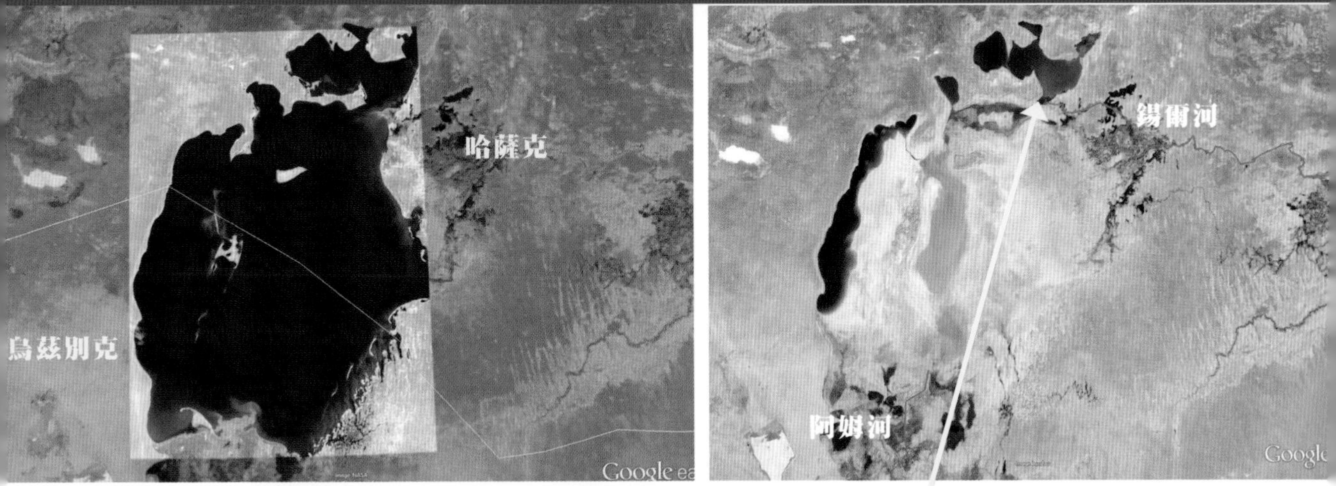

↑【圖 2】左圖是鹹海一九七三年的面貌，右圖則是二〇一二年的面貌，北鹹海自二〇〇五年來在築壩攔水的拯救計畫下，開始「止跌回升」。

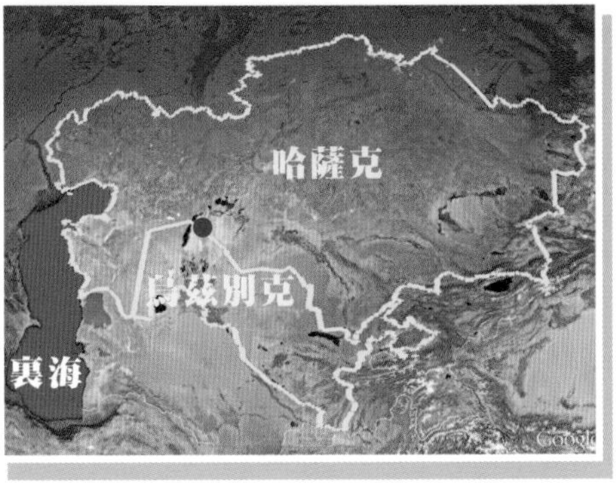

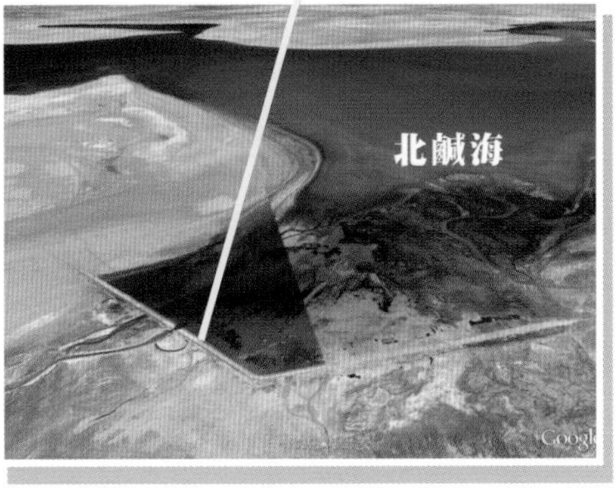

斷降低。如今價錢較好的石斑魚、鯉魚等高級魚種逐漸出現在湖中，原本十室九空的人口也開始回流，新房子開始增加，學校開始開課，很顯然北鹹海成功地回復了生機（圖2）。

至於南鹹海恐怕會繼續乾涸下去，南鹹海隸屬於烏茲別克，其四周鄰國全部都是內陸國，這種被內陸國包圍的內陸國，叫做雙重內陸國，屬於稀世珍品，全世界只有兩個這樣的國家，另一個是全國人口只有三萬六千人的列支敦斯登（夾在瑞士和奧地利之間）。屬於雙重內陸國的烏茲別克，極度仰賴阿姆河的哺育，因而沿著河岸建設大量水圳設施，不斷引水灌溉農田，使得接近南鹹海的河道已經完全乾涸，若要拯救南鹹海，就必須減少阿姆河的農業灌溉用水，也就是要捨棄大面積的農業耕地，這是目前烏茲別克政府無法接受的方案。

⊕ 查德湖(Lake Chad)

如要比賽湖面萎縮第一名，當屬非洲的查德湖。今日的查德湖已經萎縮到原有最大湖面的五%！也就是從大約臺灣本島面積七〇%大小的湖面，變成雲林縣般大小（圖3）。

查德湖位於北緯一二・五度到一四・五度之間，這個位置剛好落入撒赫爾地區(Sahel)的範圍內，這個區域有什麼特別呢？一句話，是放牧牛羊的遊牧地區。在過去，撒赫爾曾經是一個龐大的貿易區域，貿易使得這個地區生意興隆、財源滾滾，遊牧民族甚至在農業區進行投資，如手工藝品、商業中介等經濟活動，整體景象雖然達不到威尼斯(Venice)般遍地黃金，至少能生活滿足且充滿奮鬥希望。

今日的撒赫爾看了令人鼻酸心疼，舉目望去，貧困而絕望是唯一的感受。是什麼樣的原因導致這裡的改變？若說是氣候變得乾燥，歷史上這裡亦曾遭遇嚴重的大乾旱，當時撒赫爾人民還是能夠對未來充滿期待地挺過去。長期來看，真正改變的不是氣候因素，而是社會制度。

撒赫爾是一個半乾燥氣候區，有著明顯的乾季和雨季，雨季來臨時，隨著降水範圍往北移動，遊牧民族跟著往北放牧，不但牛群可以吃到剛長出來的綠草，其產生的糞便還可以增加土地的能量和品質。隨著秋冬來臨，降雨範圍向南移動，南方的農民秋收完畢，牧民帶著大批牛群啃食收割後的殘餘農作物，同樣也回饋糞便改善土壤品質。

牧民的移動是為了逐水草，既然必須移動，那就順便做點甲地到乙地的買

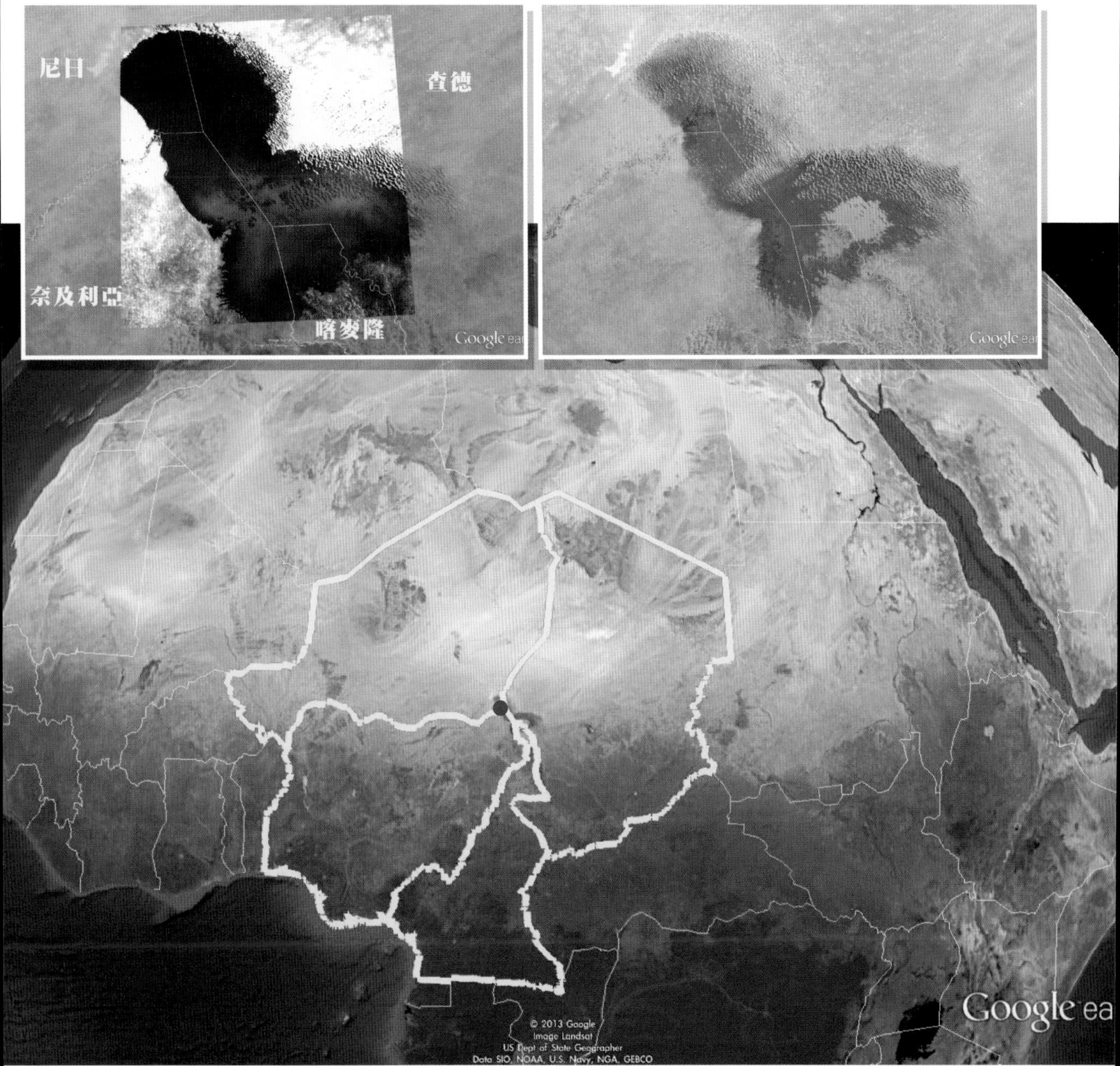

↑【圖 3】左圖是一九六三年的查德湖，右圖是二〇一二年的面貌，湖面幾乎完全消失。

賣。於是，牧民提供貿易商品的同時，也獲取農產品，而且在大旱之年，農業區也是一個暫時安身之地。有些精明者甚至還購買農業區的土地累積財富，很有市場頭腦。遊牧民族有著不同的部落，部落有各自的首領，首領嚴格管制族民的生活準則，首領間協調水井用水分配，一切關鍵性資源均受到有效控制，這種遊戲規則可以確保大家都能生活下去。

但是這一切，從法國人開始殖民之後就不一樣了，法國人用槍桿子說服了大家一件事，那就是法國人比較厲害，不只是打仗厲害，其他的事情也都高人一等。既然法國人當家做主了，遊牧民族的部落首領當然就失業了，撒赫爾區少了首領的管轄和協調，古老的遊戲規則也就蕩然無存了。新的遊戲規則很簡單：通通別亂跑。牧民在不同的國家之間跑來跑去，對統治者來說是很難管理的，於是新的遊戲規則讓遊牧範圍遭到限縮，土地放牧的壓力增加，人與環境間的平衡逐漸被破壞。面對著撒赫爾地區的困境，法國的辦法是挖更多的井。當然實際實踐之後的事實告訴我們：沒有最糟，只有更糟。

位在撒赫爾地區的查德湖，其湖面萎縮的主因就是周圍地區不當地放牧、農業不合理地開發、上游大修水庫以灌溉農業，而灌溉用水卻又效率低下。湖面萎縮之後導致一系列嚴重的環境災難，首先是當地魚類滅絕，周遭乾旱程度愈演愈烈，降水周期改變，農業收成和漁業產出持續減少，湖區大約有兩千萬人面臨饑荒威脅。

走在查德湖北邊的尼日境內（北邊最先乾涸），體會到的是普遍的絕望氣氛，空氣中塵土飛揚，無情燥熱的強風吹在乾枯的植物上，居民難以接受多年前的一片綠意、汪洋，今日竟然變成一片起伏的沙丘。

米爾湖 (Lake Milh)

米爾湖位在伊拉克卡爾巴拉市 (Karbala) 西方不到十公里的一片黃沙之中，從阿拉伯語字面上來看是「鹽海」的意思，一般也稱作 Razazah 湖。米爾湖之於幼發拉底河 (Euphrates)，就像是洞庭湖之於長江的意義，夏季雨季會導致長江水位暴漲，暴增的水就可以流到洞庭湖，以緩解洪災發生的機率。幼發拉底河淵遠流長，全長可達兩千三百公里，源頭起於土耳其境內的亞美尼亞高原。夏季時高加索山 (Caucasus Mountains) 和亞美尼亞高原上的融雪，以及冬季時西風帶來的雨水，都會為幼發拉底河帶來豐沛的水量，這個時候位在幼發拉底河下游河畔的米爾湖，就可以吸納暴漲的河水，水深隨著季節的變化而起伏，一般來說，米爾湖的深度大多相當淺。水深雖淺，米爾湖還是能夠生產一種拳頭般大小的小銀魚，在極盛時期，湖畔的漁夫工作一年可以買一棟房子，可是如今漁夫的收入連給孩子溫飽、衣穿都成了問題。

米爾湖並不是天然形成的，而是西班牙承包商為了防止伊拉克南部發生洪災，在一九六九年開挖了一條排水渠道，以疏導幼發拉底河的洪水進入沙漠，因而積水形成湖泊。接下來的二十年是米爾湖的鼎盛期，湖面寬廣、候鳥成群，但當一九九〇年的波斯灣戰爭開打後，此區的什葉派和當時屬於遜尼派的統治者海珊 (Saddam Hussein) 的衝突開始白熱化，海珊下令切斷幼發拉底河進入米爾湖的

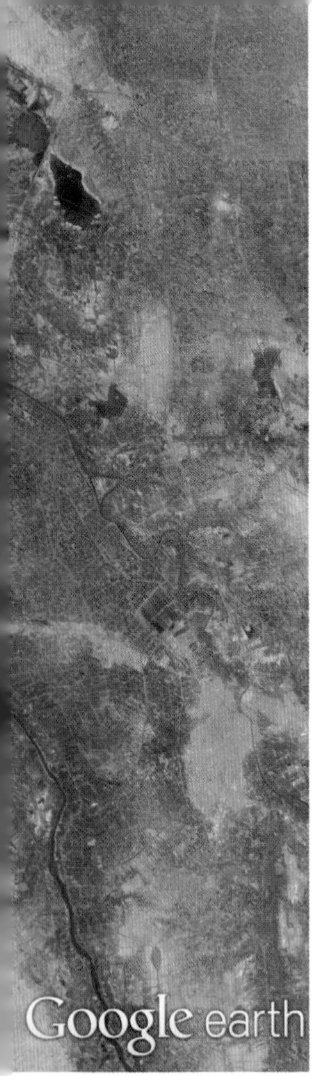

進水渠道，米爾湖的面積開始急劇地縮小。

最根本且徹底摧毀米爾湖的原因，則是源於土耳其在幼發拉底河的上游大張旗鼓地實施「安納托利亞工程」計畫，計畫中要在幼發拉底河沿岸修建二十二座大壩和十九座水電站，這些水電站發出的電力占了土耳其全國總發電量的一半，不但可以自用，還可以外銷。大壩中最壯觀的當屬阿塔圖爾克水壩，此壩最大壩高一百八十四公尺（石門水庫壩高一百三十三公尺）。一九九〇年土耳其為使阿塔圖爾克大壩建成後迅速蓄滿水，曾完全截斷幼發拉底河流向敘利亞、伊拉克的水流達一個月之久，看到家園的生命之河突然斷流、乾涸，這可是嚇壞了沿岸的居民，此事當然引起敘利亞政府和伊拉克政府的強烈抗議。

米爾湖達到最大面積時，湖面面積廣達一千四百平方公里，大約是兩百〇三個日月潭的大小，到了二〇一三年四月，只剩下三百五十平方公里，縮減了七五%，等於有一百五十二個日月潭不見了（圖4）。這樣的情況所凸顯的，正是中東地區所共同面對的「水資源」分配問題。許多人預測中東地區早晚會為水而戰，至今此一狀況尚未發生，倒不是因為水資源的分配問題解決了，而是近二十多年來，兩伊戰爭打了八年，沒多久伊拉克又攻打科威特，緊接著美國聯軍攻打伊拉克，休息十二年，美國稱伊拉克擁有大規模殺傷性武器，又再次攻打伊拉克。

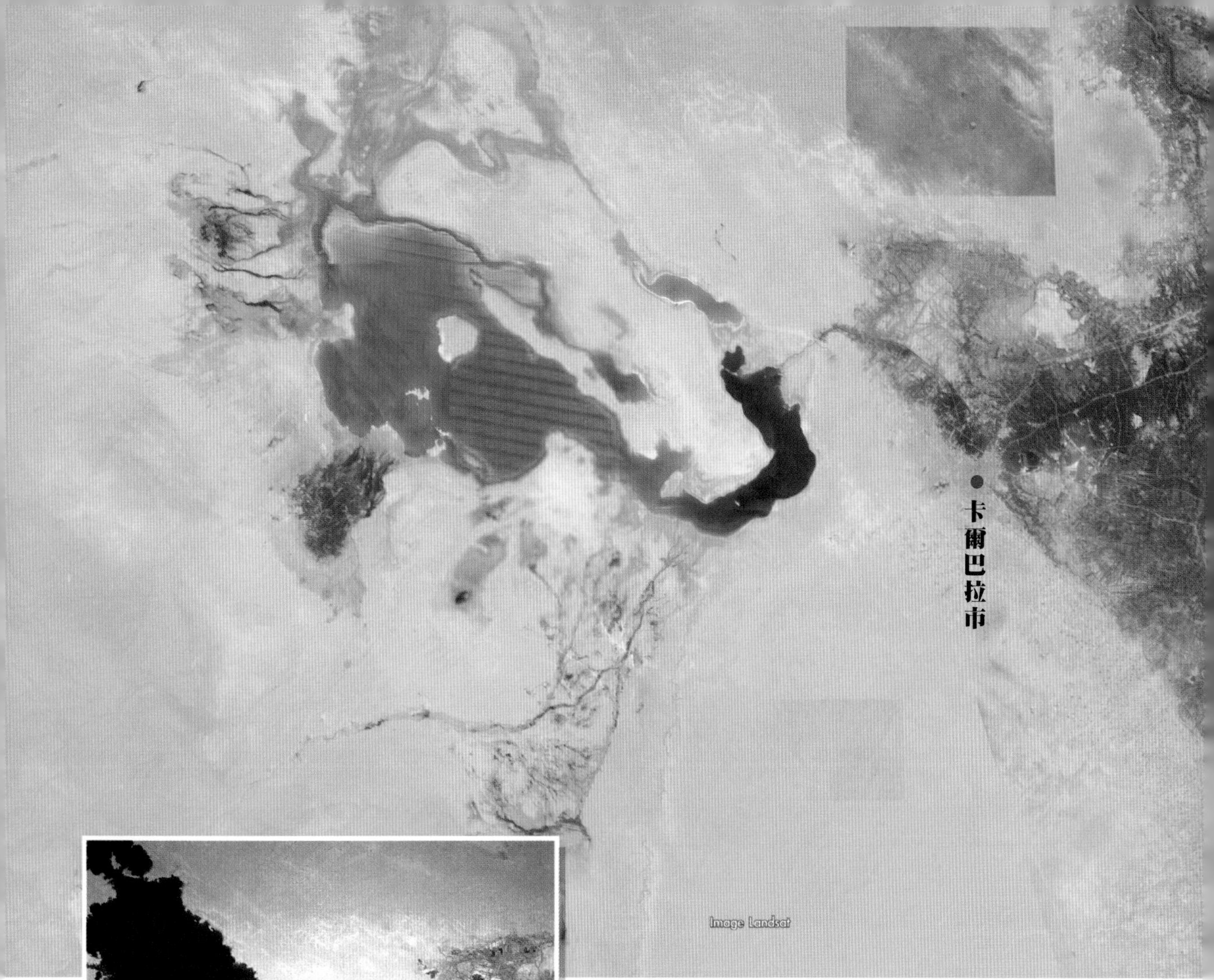

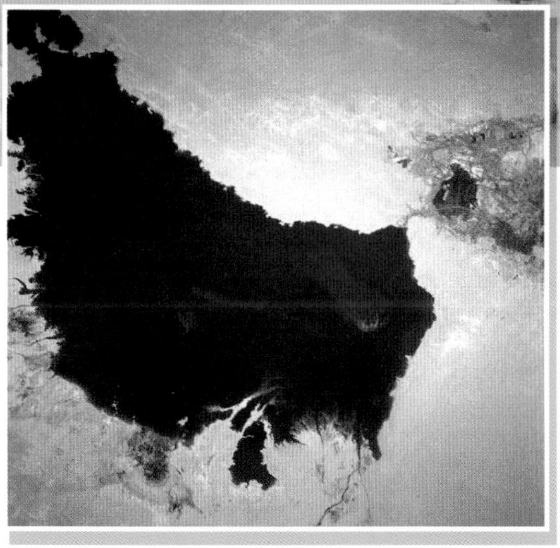

↑【圖 4】左側豐盈的米爾湖是一九九六年六月的衛星影像，到了二〇一三年四月已經急速萎縮到最豐盈時面積的 25%。

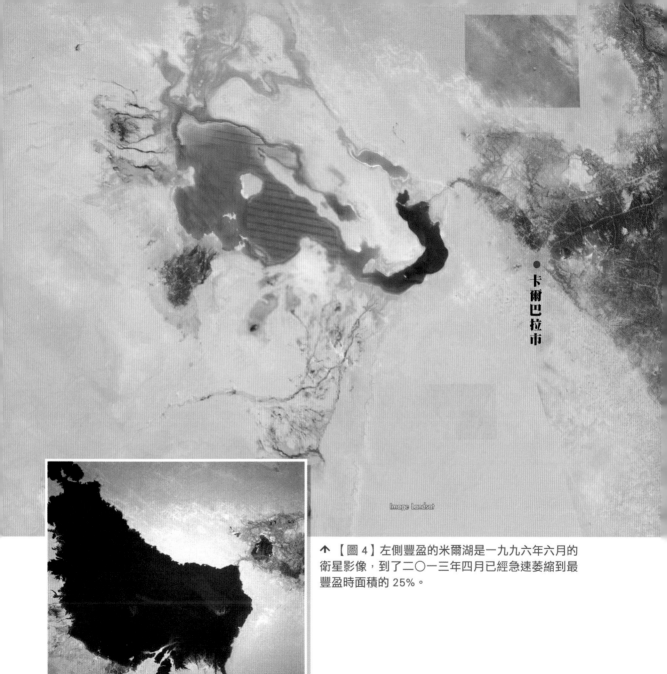

最近則是敘利亞內戰不休，從二〇一一年開始打到現在，已經死亡近十萬人，更造成了一百六十多萬的難民。這麼多的紛爭、政爭、戰爭，讓各國忙得不可開交，水資源是個問題沒錯，但是還要排隊等等。

托西加湖（Toshka Lake）

一九九八年，一位太空人從地球軌道上看到埃及沙漠中出現一個不曾見過的湖泊，於是這位太空人就成為發現托西加湖的第一人。托西加湖散布在沙漠之中，整個湖區的水體覆蓋面積大約是一千三百平方公里，相當於一百九十四個日月潭的大小。這麼巨大的湖泊是從哪裡掉下來的呢？這就是有趣的地方，在乾燥的沙漠氣候地區，湖水不是天上掉下來的，而是從地下蹦出來的。自從一九七〇年亞斯文大壩建成之後，壩後就形成了一個巨大的納賽爾湖（Lake Nasser），納賽爾湖長約五百五十公里，而臺灣本島最大縱長只有三百八十多公里，由此可見納賽爾湖之巨大。

歷史上總是不乏看到統治者想要建立偉大標誌的建設，前埃及總統穆巴拉克（Hosni Mubarak）就在任內打造「新谷」計畫，目的是為了將水引導到納賽爾湖西側石灰岩質高原南方的凹地，並以凹地蓄水來提供該區域發展所需的民生與農業用水。於是，一九七八年埃及政府開始建造一條薩達特運河，政府允許當納賽爾湖水位超過一百七十八公尺以上時，可以流溢進入運河（納賽爾湖面最高水位可達一百八十三公尺）。另外也在納賽爾湖中的小島上建造一個世界最大的抽水

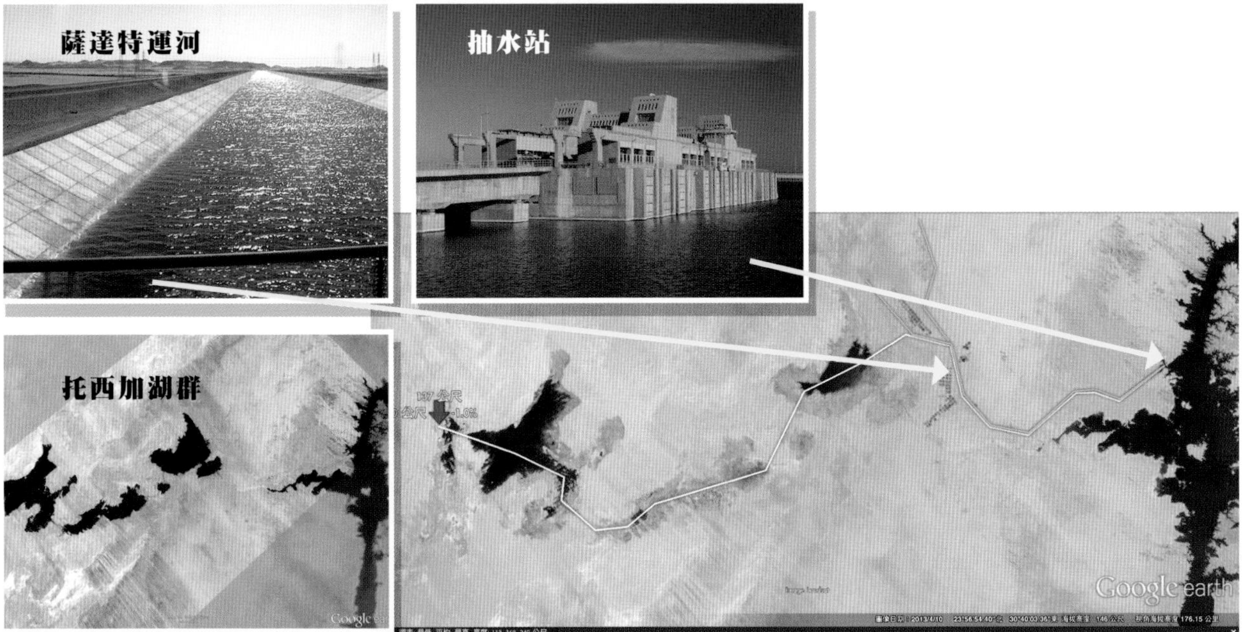

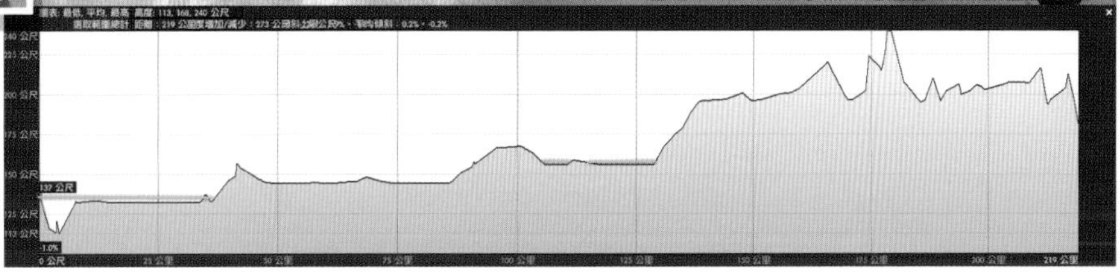

↑【圖5】左側是兩千年的衛星影像，右側是二〇一三年的影像，剖面清楚地呈現托西加湖群的湖水不深，二〇一三年中間的湖泊已經乾涸，東側的湖泊則退縮得很厲害。

站，將超過納賽爾湖一百七十八公尺以上「多餘」的水，抽到薩達特運河中。

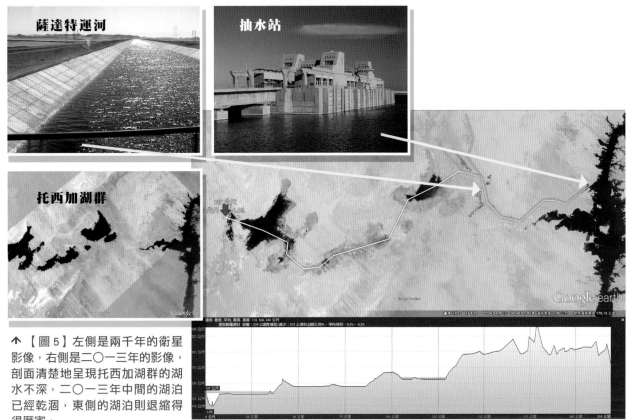

計畫初期的效果非常好，「新谷」預計會增加埃及耕地的一〇%，並可以在二〇二〇年容納一千六百萬公民（埃及二〇一二年人口八千萬）。計畫憧憬總是如此的美好，工程也確實相當偉大，讓人相信美好家園必將實現，只不過自然的力量更加無敵。

二〇〇六年，托西加湖群東側的湖泊率先萎縮乾涸（圖5），除了因薩達特運河的供水減少有所影響之外，最主要的原因還是與蒸發強烈、湖水損失太快有關，反倒是湖水地下滲漏的水量比例相對微小。如果我們把一樣多的水倒到馬克杯和淺碟子裡，哪一個容器的水會先蒸發掉呢？顯然是水淺、水體表面積大的碟子會先乾涸，托西加湖群的消逝就是這個道理。另外，尼羅河水的洪水氾濫是仰賴上游的熱帶莽原氣候，其雨

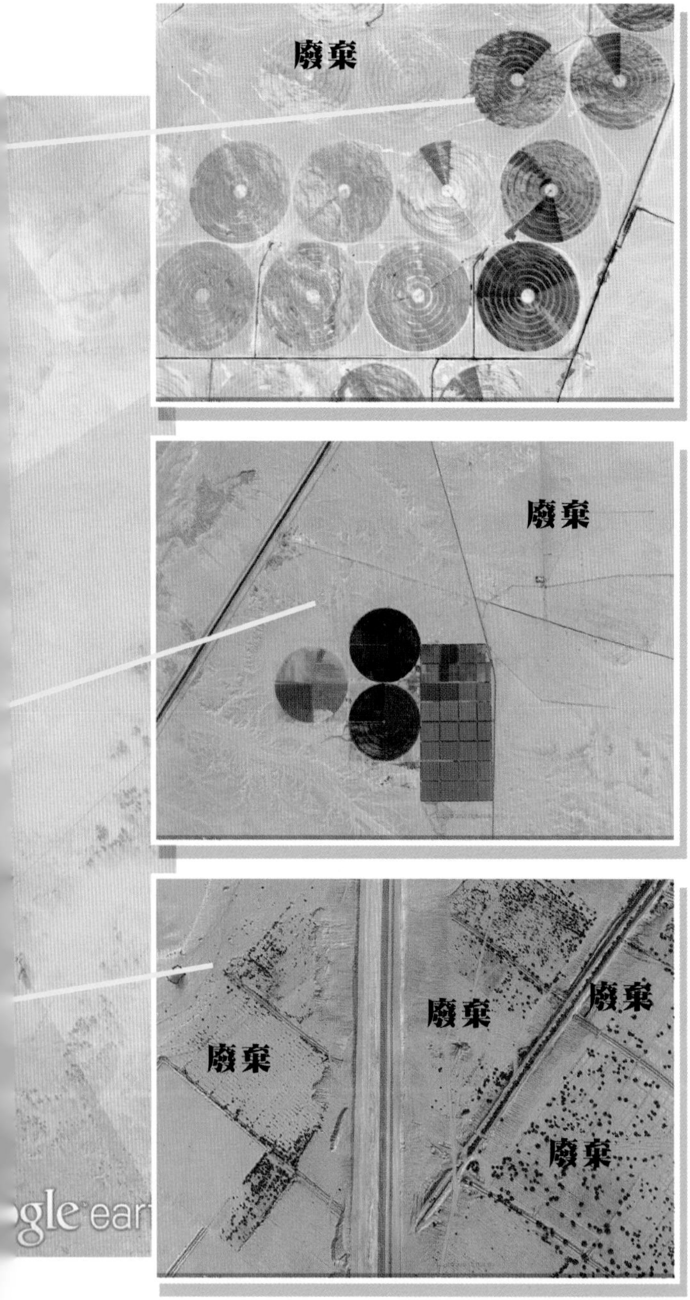

量集中在夏季，且雨季具有周期性。新谷計畫的水源依賴這種周期性的洪水，一方面是有自然條件風險的，另一方面更重要的是雨季周期很短，而托西加湖這個「碟子」很淺，且只能在每年的雨季短周期中好好地加一次水，碟子中的水量變化肯定劇烈。

運用Google Earth探索新谷地區，可以看到許多農場沒有妥善地維持，有些農場似乎根本廢棄了（圖6）。而那些看來似乎欣欣向榮的農場，多採取機械化、大規模、資金密集的運作方式。新谷地區日照充足、土壤肥沃，只要花時間減低土壤鹽分，並且保證灌溉用水充足，農作物的栽培大致不是問題，像是棉花、黃

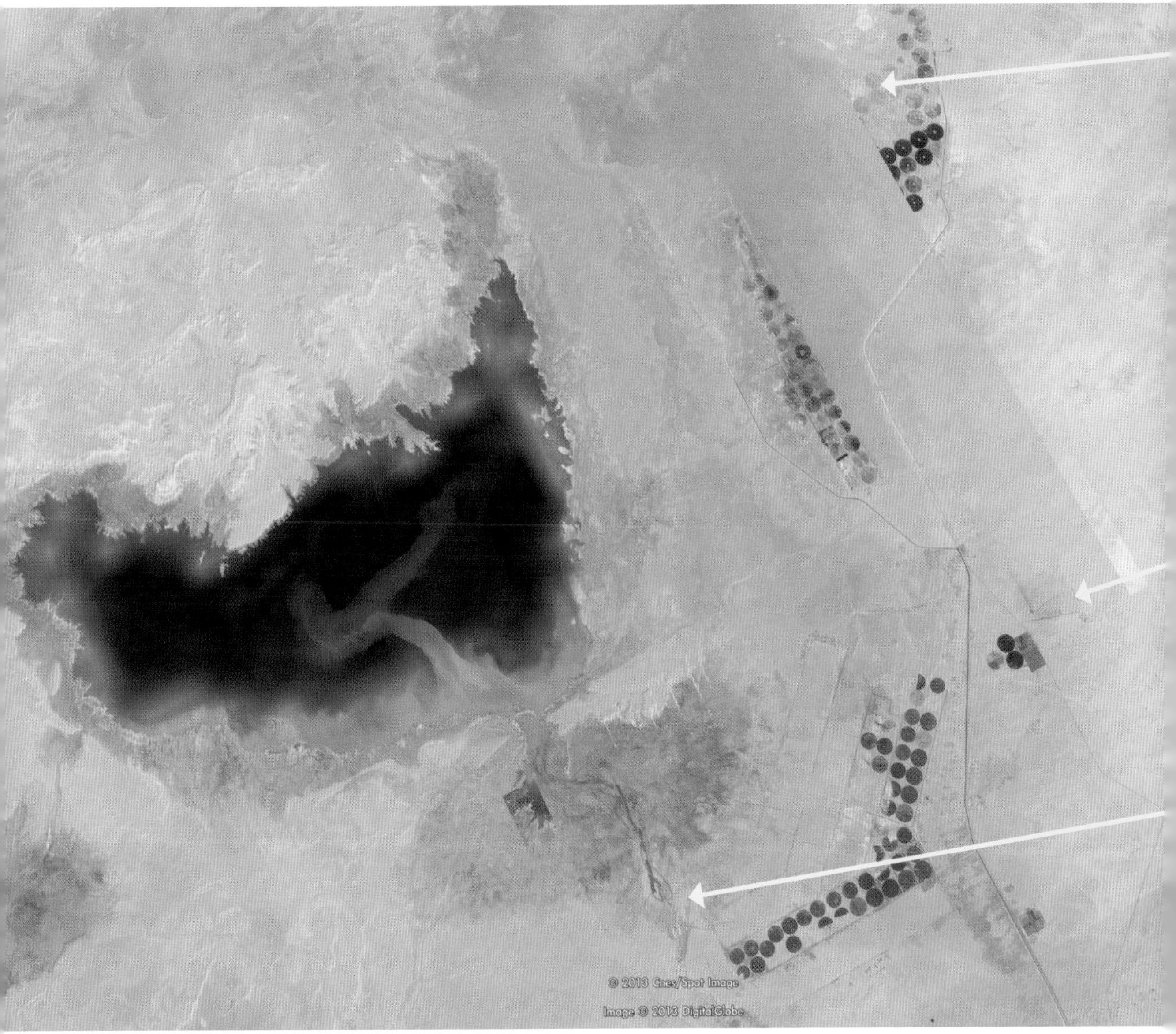

↑【圖 6】新谷計畫目前僅有湖群東側有開墾區，不僅規模不大，而且許多已經開墾的地區均已廢棄。

瓜、番茄、西瓜、香蕉、葡萄和小麥作物等，都已經成功地在這裡種植。然而運作良好的農場，其農產要如何輸送到市場也是一大問題，蔬果多為不耐久運、不耐久藏的產品，但埃及缺乏快捷的交通系統將新谷地區的農產品輸送到主要市場。在如此的條件限制之下，將使新谷地區的農業大面積地選擇較耐儲存的棉花和小麥等作物。

⊕ 人為？自然？

上述這些逐漸消失的湖泊，在地理位置上都有一個共同的特徵，那就是位在乾燥或半乾燥氣候區內。烏爾米耶湖主要是氣候改變以及河流上游的引水灌溉導致湖泊乾涸；鹹海因為上游引水灌溉失當導致湖泊乾涸；查德湖是因為社會制度的隨意變更，導致不當放牧、不當灌溉以及不當水利開發；米爾湖的消逝牽涉到黨派政爭，以及國際間對於河水資源分配的矛盾；托西加湖的誕生來自於政治人物的大膽計畫，而湖泊的消逝則透露著自然運作法則的細密，以及自然循環的強大鐵律。

前四個湖牽扯到不當引水灌溉、不當社會制度和水資源矛盾，都是「人」的因素在干擾，最後一個湖更是完全「人為」操作，試圖創造與改變環境生態。歷史上，有無數篇「征服大自然」的頌詞不斷被傳誦，但更有無數「被大自然征服」的故事，這些故事雖然不像征服大自然有如太陽般耀眼的光芒，但是卻像夜空中無數的星斗，是宇宙運轉的核心力量。

展開地質年代表，四五．六億年前地球誕生，四五．二七億年前月球出現，兩億年前非洲的亞特拉斯山（Atlas Mountains）和美洲的阿帕拉契山（Appalachian Mountains）是同一座山，南非開普敦的桌山（Table Mountain）和南美阿根廷布宜諾斯艾利斯省的山脈是連在一起的，今日中間卻隔著浩浩湯湯的大西洋。地質年代的尺度動輒以億年、千萬年來計算，傳誦多年的名句「古今多少事，都付笑談中」，這裡的古今也不過就數百年到數千年，相對於地質演變而言，真是小兒科了。

II 變動的臺灣

01 鳥瞰漁港

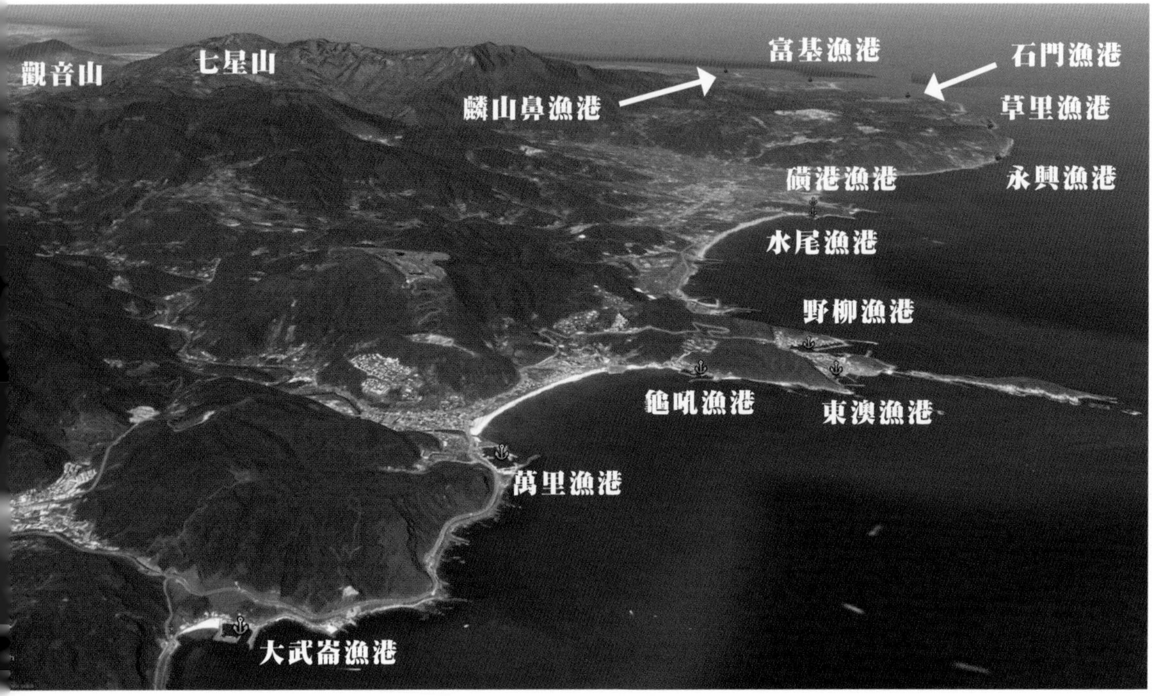

↑【圖 1】北部海岸平均三．八公里就有一座漁港。

去過漁港買剛捕回來的魚嗎？看到剛返港漁船上卸下來的各種新鮮漁獲，除了大開眼界外，經常還伴隨著恍然大悟的興奮，因為許多在餐桌上經過處理的海鮮類食物，在漁港邊才有機會看到完整的面貌。

目前全國的漁港到底有幾座呢？漁業的產值很大嗎？農委會的統計資料顯示民國二〇一二年的農業生產總值是四千七百七十九億（包含農林漁），其中漁業產值是一千〇六十一億，占了農業生產總值的兩成二。臺灣的漁港共有兩百二十五座，包含本島一百五十座、澎湖六十七座、金門三座以及連江五座。其中屬於第一類的漁港僅有九座，第一類漁港是指漁港的使用目的屬於全國性，這樣的大型漁港北部就擁有五座、中部一座、南部三座。另一方面，

↑【圖 2】大武崙沙灘原來面積較小，現有沙灘可以說是人造的。大武崙漁港漁船不多，但是船隻泊靠席位相當搶手。

臺灣南島語言

係指臺灣原住民各族使用的語言，屬於南島語系的一部分，一共有二十八個語言約十七萬人使用。而南島語系主要分布在南太平洋群島，包括約一千三百種語言，是世界現今唯一分布在島嶼上的一個語系。

臺灣的小漁港實在是多到難以一窺究竟，光是從淡水河口到宜蘭的烏石港，一百三十三公里海岸線中，就擁有三十五座漁港，平均三・八公里就有一座，也就是說大約從總統府到臺大校門口的距離就設一座漁港（圖1）。

這些遍布全島的小漁港中，較為特別的有小家碧玉型、嚴重淤沙型、改變自然型和密集連星型。

⊕ 小家碧玉型

大武崙漁港

「大武崙」是平埔族中巴賽族所使用的臺灣南島語言，然而巴賽語於一九三七年消逝，大武崙的意義現已無法知曉。過去清朝在此所建立的大武崙砲臺，經歷過鴉片戰爭和中法戰爭，如今從砲臺遠眺已看不到戰艦，倒是多了大武崙漁港和大武崙沙灘。

早年大武崙偏僻無人，灣澳內巨石壘壘，白沙面積不大。建了大武崙漁港後，進一步清除巨石，並購買數百萬的白沙傾倒在灣澳中，形成今日所見的大武崙沙灘，這也是基隆市唯一的沙灘（圖2）。大武崙腹地狹小、住戶不多，平日港內並無多少船隻，然而港內的船隻泊

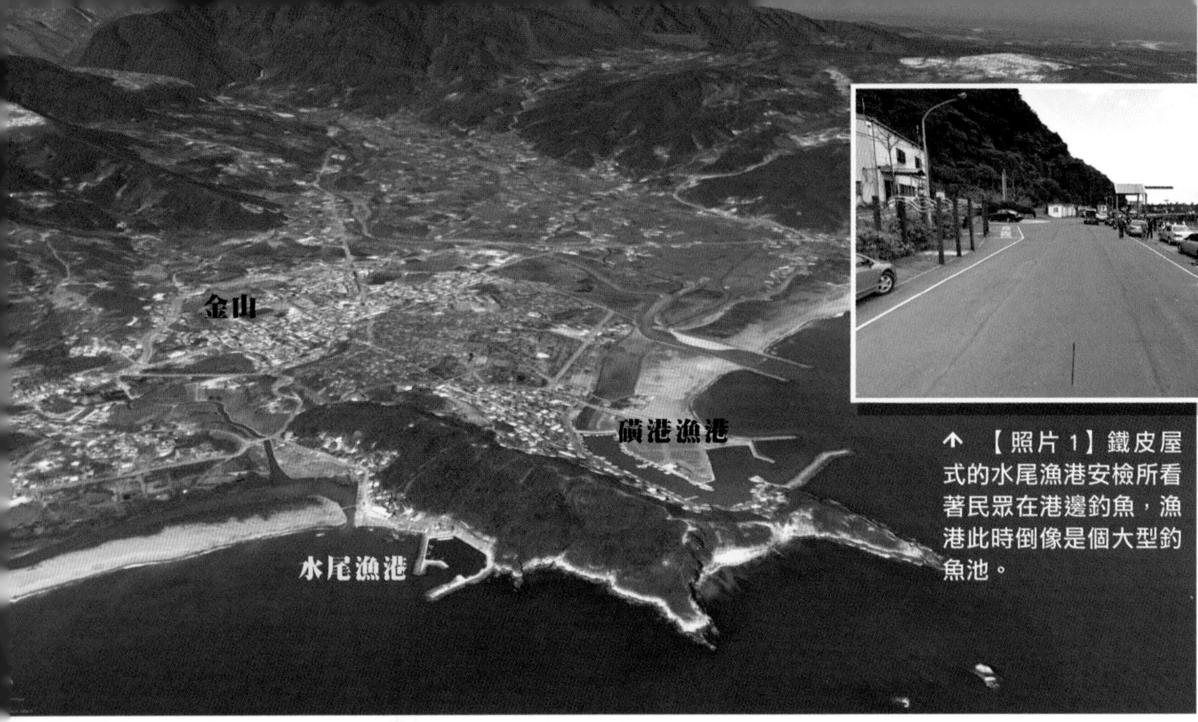

↑【照片1】鐵皮屋式的水尾漁港安檢所看著民眾在港邊釣魚，漁港此時倒像是個大型釣魚池。

↑【圖3】金山擁有兩個漁港，水尾漁港背對著磺港，相當地清閒。

靠席位卻是飽和的，主要是遊艇業者盡可能買下席位，以待未來商業上的需求。

水尾漁港

北海岸金山最大的漁港是磺港漁港，這個港顧名思義，是三百年前西班牙人來此開採硫磺之後，將磺產輸出的港口。磺港曾經依賴漁業捕撈，如今漁源枯竭、勞工來源不穩定，磺港漁會便開始朝觀光休閒轉型，二〇一二年還特別蓋了「金山海灣溫泉會館」吸引觀光。

磺港翻過獅頭山公園的背面，有一個小巧的水尾漁港（圖3），如果磺港漁業都要轉型了，水尾漁港的發展就可想而知了。水尾港邊不多的房舍中，有不少的廢棄房屋，甚至還有鐵皮屋形態的漁港安檢所（照片1），看起來有些淒涼，也相當浪費公帑。在港裡很少看到漁船，舢舨倒是有幾艘，不少人不出海僅在港邊釣魚，活像是個大型海釣池。

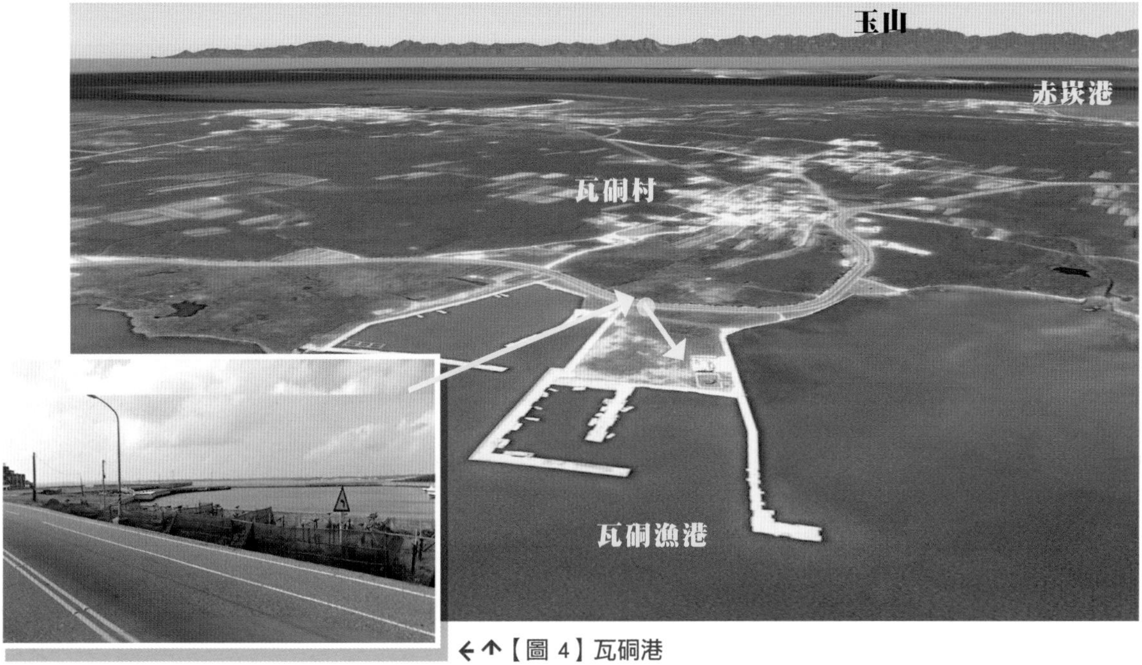

←↑【圖 4】瓦硐港

瓦硐港

澎湖的瓦硐村在清朝時期叫做「瓦硐港社」，隸屬於白沙鄉的三百多人小村落（圖 4），目前人口正在外流中。這裡的居民大多務農，卻有一個瓦硐港，除了建港經費以外，全村目前最花錢的公共設施就是漁港安檢所。其實此地漁民人數不多，可以到鄰近不足兩公里的赤崁港泊船，如果建設瓦硐港的經費是一億元，將之分給三百位村民，每人可以分到三十三萬元，一家四口人更可以拿到一百三十二萬元，我想全村人都會笑呵呵的。

一般來說，漁村都是緊鄰漁港的，但瓦硐村距離瓦硐港卻有七百公尺的路程，在交通不是那麼一步到位的情況下，難怪瓦硐港的使用率不高。說來真是風水輪流轉，在清初時期，瓦硐村可是擁有一位人稱張百萬的富翁，據聞張百萬家的屋瓦是用弧形琉璃瓦，而村名之所以稱為瓦硐，就是因為琉璃瓦片在閩南發音即作「瓦硐」。

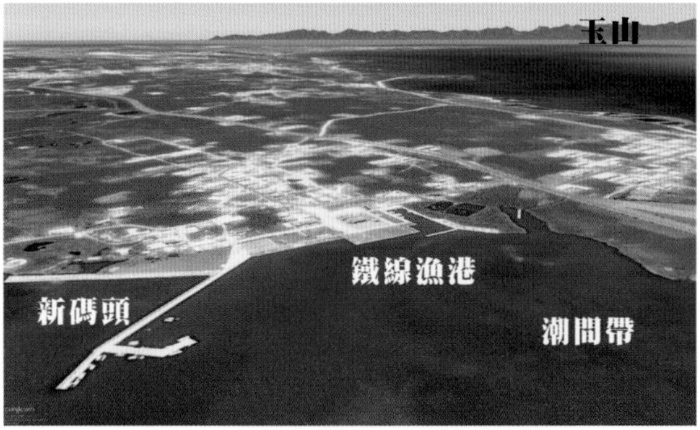

↑【圖 7】鐵線漁港前的潮間帶是鐵線村民的菜園，原漁港身處潮間帶一隅，船隻進出困難，於是在左下方又建了一個新碼頭。

↑【圖 5】A 點是形如母雞孵蛋的雞窩的小山。

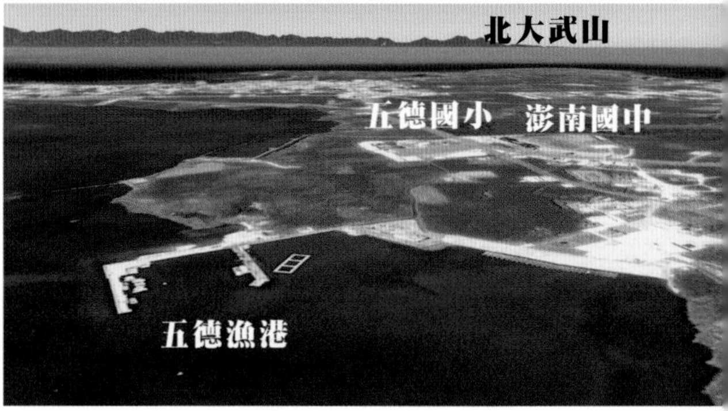

↑【圖 6】五德里僅有兩百三十多人，但卻擁有國小、國中和漁港。

潮間帶（Intertidal Zone）

係指高潮線與低潮線之間的地帶。這個區域屬於許多不同類型生物的棲地，這些潮間帶生物均能適應極端惡劣的環境。

五德與鐵線

從馬公市隔海南望，有一個海拔僅有三十公尺左右的小丘，丘頂非常平坦，遠看很像母雞孵蛋的雞窩（圖5），所以古時的五德里便被稱作「雞母塢」。五德里僅有八十五戶兩百多人，不過依然擁有一個五德漁港（圖6），而通到港邊的道路，若是沒有衛星影像加導航，外人不容易找到港口的所在地，而且通道窄小，即使走在正確的路上，依然會讓人懷疑是不是迷路了。

鐵線里隔著一個小小的內灣與五德里相望，內灣就在村落的前方，是一大片潮間帶，有豐富的貝類、海菜可以採拾（圖7）。以往鐵線里居民會將貝類、海菜及出海捕的小管等海產，經食品加工後銷售賺取生活津貼，所以鐵線里比起五德里來得富裕些（光看港邊的廟宇就可證明），鐵線漁港的使用率也高一些，不過即使如此，鐵線漁港的登記船

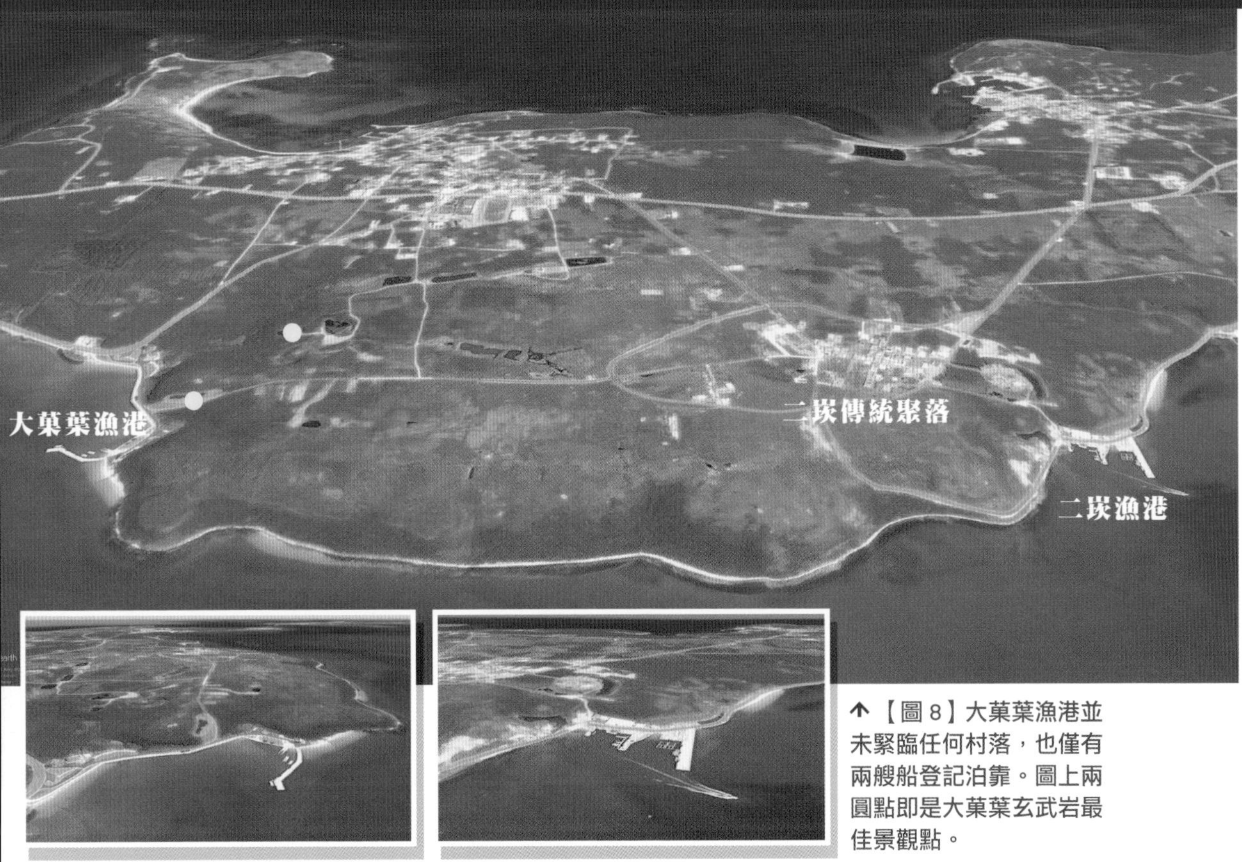

↑【圖 8】大菓葉漁港並未緊臨任何村落，也僅有兩艘船登記泊靠。圖上兩圓點即是大菓葉玄武岩最佳景觀點。

隻也僅有十八艘。

二崁與大菓葉

澎湖的二崁村以就地取材的方式，用玄武岩和硓古石建構閩南式傳統建築，在二〇〇一年時成為中華民國第一個傳統聚落特定區，相信去過澎湖觀光的人大概都會到此一遊。這裡同樣也面臨人口外流的問題，嚴重到幾乎要廢村，如今靠著觀光稍稍減緩村民經濟上的困窘，不過二崁漁港依舊蕭條，漁港登記停靠船隻僅有三艘，真是寂寞呀！

二崁漁港已經夠寂寞的了，二崁村卻還有第二個漁港，那就是位在二崁村南邊的大菓葉漁港（圖8）。喜歡拍照的朋友很可能聽過大菓葉，那裡有兩處拍澎湖玄武岩柱狀節理的最佳地點。當初大菓葉因為採石的需求而挖出了一個大坑，使一面長一百公尺高八公尺的漂亮玄武岩壁裸露出來（23° 35'42.72"N，

→【照片 3】大菓葉柱狀玄武岩。

傳統聚落特定區

二〇〇一年，內政部都市計畫委員會通過指定，將澎湖縣西嶼鄉二崁村列為傳統聚落特定區，為國內第一個傳統聚落保存區。當地居民從被動到主動參與文化政策的過程，是臺灣許多社區營造的寶貴經驗。

119° 30'58.78"E），所挖的凹陷地則因積水成池，池水可以返映岩壁，所以在這裡拍照特別容易拍出好照片（照片3）。另外還有一處規模小一些（23° 35'48.95"N，119° 30'52.60"E），人也更少一些，有興趣的朋友可以試試。

漂亮玄武岩壁的下方海邊，就是大菓葉漁港。大菓葉漁港登記泊靠船隻僅有兩艘舢舨，卻有一幢四層樓的漁港安檢所，在這裡上班天天看海修身養性，應該很不錯。

嚴重淤沙型

王功港

多數人都聽過一府、二鹿、三艋舺，較少聽到四寶斗、五番挖；以現在的地名來說，分別是安平港、鹿港、萬華、北斗和王功。

彰化的王功排名第五，顯見早在清朝時期就已經是個重要且繁榮的港口，然而王功的地理條件非常不佳，一則位處毫無地形遮擋的沙岸海邊，二則海岸線與東北季風平行，再加上中國大陸與臺灣之間形成相對狹窄的通道，根據白努力定律(Bernoulli's principle)，這會使得流體（例如風與水）加速，所以王功沿岸經常大風不止（圖9）。另外，王功又位在烏溪（大肚溪）和濁水溪

←↑【圖 10】自古到今王功漁港深受淤沙之苦，這是自然環境條件的限制。

↓【圖 9】這是二〇一四年一月（冬季）的風場圖，綠色線條愈濃密代表風速愈強，臺灣中、北部的西岸、澎湖、金門、馬祖，受到臺灣海峽的地形影響，因而風速強大。

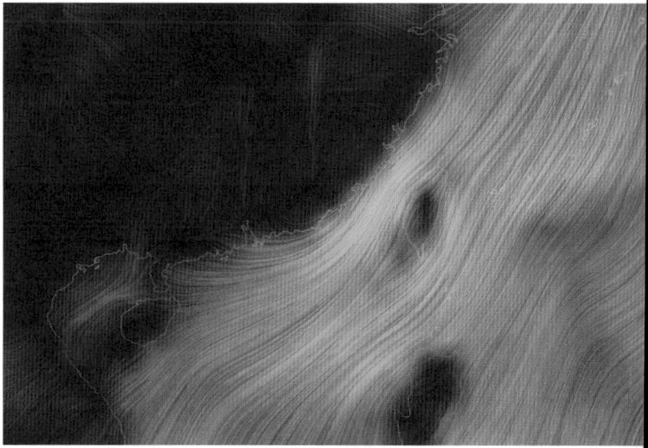

兩溪出海口之間，灌溉用水取得不易，屬於標準「風頭水尾」的地理弱勢。

「風頭」對農業不利，但是對風力發電有利，王功沿岸就有一大排的風車（噪音也挺大的）。「水尾」雖然對農田灌溉有礙，但是河口淤沙強烈，則造就了大範圍的潮間帶。潮間帶可以養蚵，可以挖蛤仔，除了海產收穫外，還有紅樹林、水鳥、招潮蟹、彈塗魚、燈塔、竹筏等景觀生態，所以地方政府計畫朝休閒漁村、觀光農業發展，環保團體亦以漢寶濕地為主軸舉辦「漢寶野鳥節」活動。

然而潮間帶、濕地對漁港發展可就麻煩了，退潮時王功港幾近停擺，而且漁民總是為漁港進出的航道傷腦筋（圖10）。王功港垂直海岸線延伸出去的潮間帶大約長達兩公里，王功南方的大城鄉濕地更是寬廣，垂直海岸延伸長度大約四公里（圖11），這意味著當漲潮時每分鐘海水可以前進大約五公尺。潮來潮往，這一大片的潮間帶是食物供應站、是棲地、是濾水器、是消波塊……功能強大。漁民在此討生活，最佳交通工具是一種底部平坦、浮力大、造價低廉又粗勇的塑膠管筏，不過塑膠管筏也有致命的缺點，因平底船容

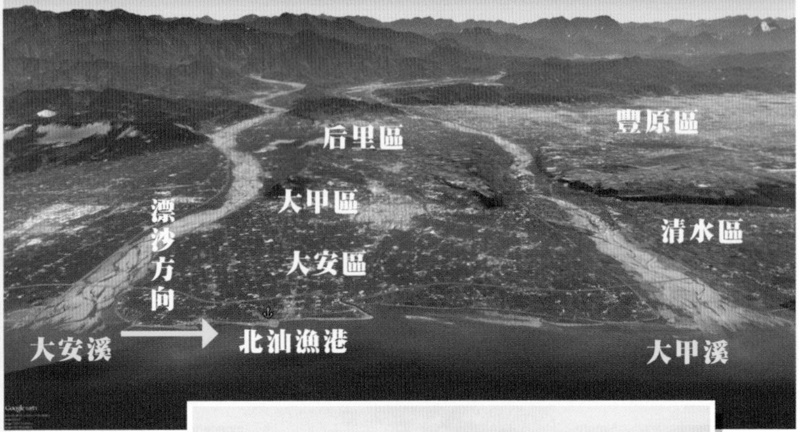

←【圖 12】北汕港北有大安溪、南有大甲溪，沿岸洋流由北向南流，所以泥沙淤積主要來自大安溪。

→【照片 5】

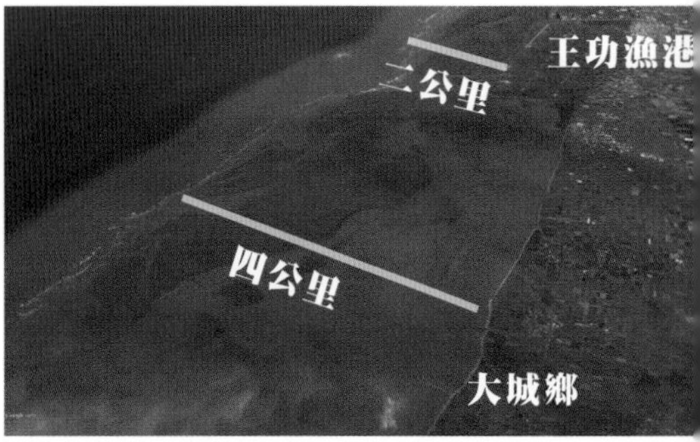

↑【圖 11】王功漁港以及大城鄉外海均有大範圍的潮間帶。

易受到海浪的影響，浪大時非常容易翻覆。

北汕漁港

北汕漁港位在臺中市大安區，清朝時期曾經叫做大安港，在明、清時期是大陸人民渡海來臺的登陸港口之一。毫無意外的，今日港口淤沙嚴重以致船隻難以通行，逐漸沒落成不太像漁港的小漁港。若問北汕漁港每日漁船進出數量是多少艘？那可是問錯問題了，應該要問每年進出多少艘？答案是，平均不到十艘！

北汕港北有大安溪、南有大甲溪，沿岸洋流由北向南流，所以泥沙淤積主要來自大安溪（圖12、照片5），每年大安溪的漂沙量可以達到一百二十四萬立方公尺，剛剛好可以填滿東京巨蛋。

龍港漁港

「寮港歸舟」曾經是苗栗勝景之一，龍港開發於清雍正八年（西元一七三〇年），過去在港邊設有貿易公司的工寮，所以舊稱「公司寮」，從「寮港歸舟」可以想見此港當年曾經繁榮一時。

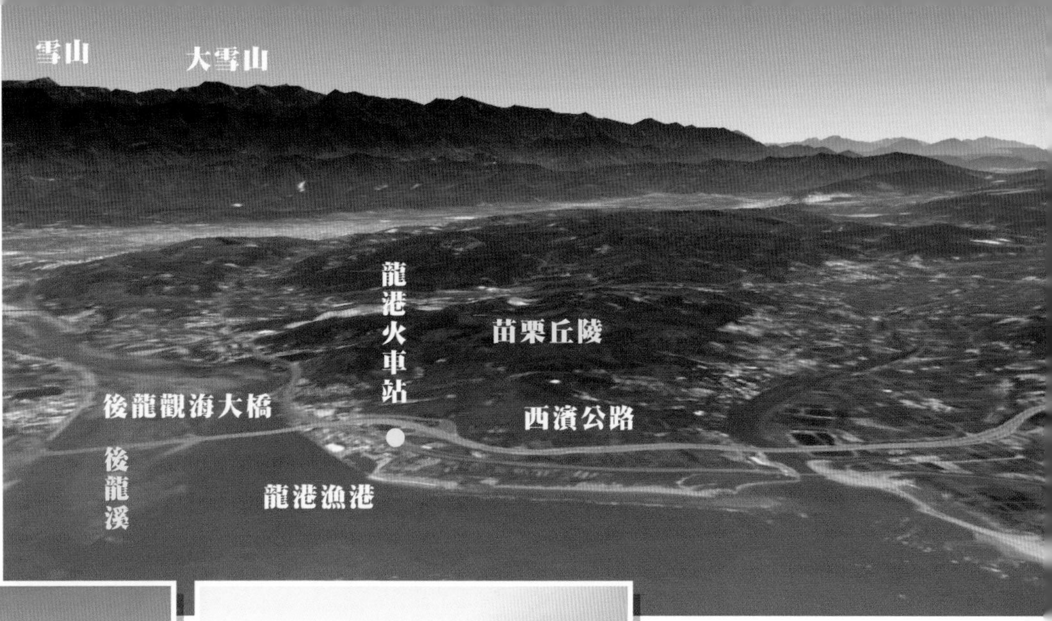

→【圖 13】遠山坡陡、河川流急、河口沖積……這是臺灣土地的特色，我們必須學著用瞭解土地與土地協調的態度，取代無遠見的建設和盲目反對。

←【照片 6】左側是龍港漲潮時的樣貌，右側是退潮時的樣貌，挖沙船不論如何日以繼夜地挖，也是無法對抗大自然的。

然而，今日的龍港不僅淤沙阻塞航道，港區在退潮的時候，就像是個放掉水的大澡缸，根本完全癱瘓，這是臺灣西岸的自然限制，我們必須學會適應自然法則與土地條件特色（圖13）。

淤沙確實導致港區沒落，但是龍港聚落無法發展起來的主要原因在於腹地太小。龍港背靠苗栗丘陵，北臨後龍溪入海口，龍港發展的土地其實就是仰賴河口小小的沖積平原，若是沒有泥沙沖積，就不會有龍港，但是泥沙沖積卻也限制了漁港的發展（照片6）。以龍港這樣的小地方為例，有一個龍港火車站，還有西濱公路通過，再加上台六線道路，交通條件並不差，若是發揮地方環境特色，朝向海岸休閒產業、水上活動的方向發展，應該有另一番氣象。

由於龍港聚落小，所以龍港火車站榮膺海線乘客人數最少的車站，也是西部幹線上下車人數最少的一站。火車

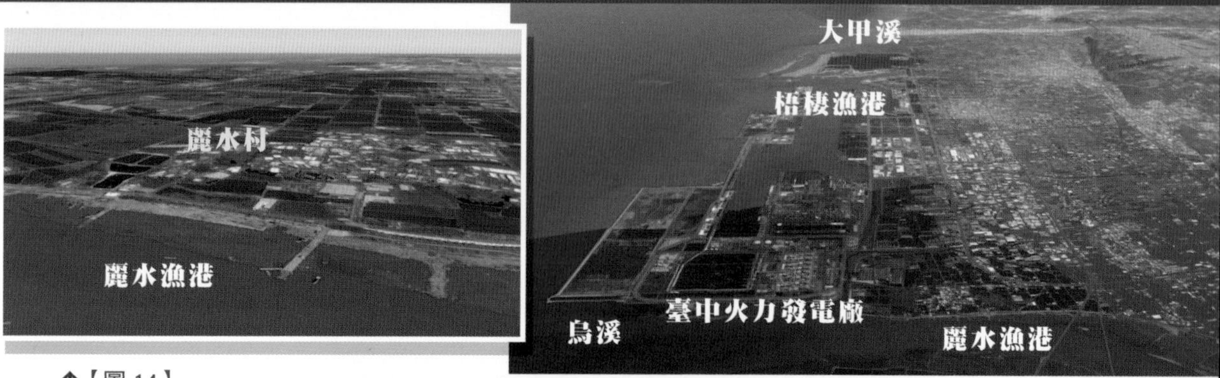

↑【圖 14】麗水漁港位在烏溪的出海口，緊鄰臺中火力發電廠。

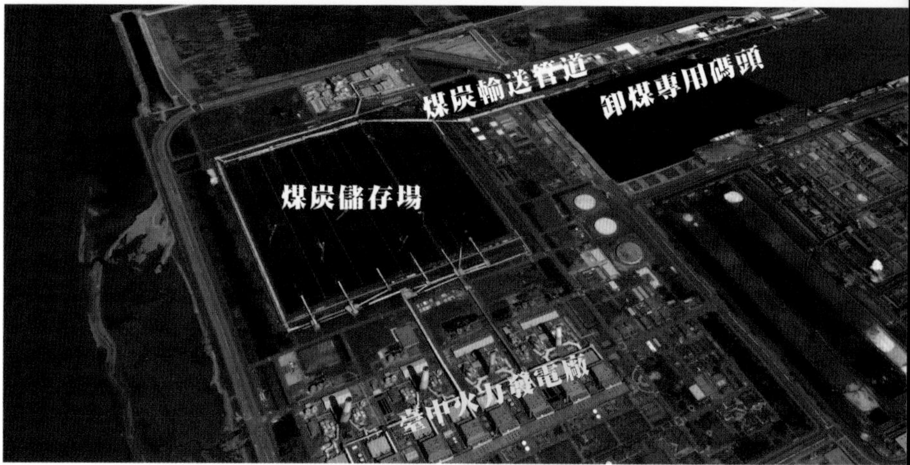

→【圖 15】臺中火力發電廠目前為世界最大的燃煤火力發電廠，當然也是臺灣發電量最大的發電廠，卻也是二氧化碳排放量世界第一的發電廠。

站原本是木造站房，一九九〇年拆除並興建了新站房，然後改成招呼站，新站房幾乎沒有用過就荒廢了。對鐵道迷來說，衝著「乘客人數最少」這一點，就值得來此一遊了。

麗水漁港

麗水漁港位在烏溪（大肚溪）的出海口（圖14），舊稱「水裡港」，緊鄰臺中火力發電廠（圖15），行政上屬於臺中市龍井區。隨著烏溪上游泥沙的沖積，過去的水裡港早已變成陸地，而現今的麗水漁港其實位在烏溪北岸溪畔的行水範圍外，如果繼續花費公帑清沙，實在是像夸父追日般荒唐。

如今麗水漁港畔已經建設好一條漂亮的自行車道，若是再追加建設釣魚平臺與配套設施，反倒可以吸引釣客到此釣魚並欣賞烏溪夕陽之美景。此外，或許也可以考慮學習美國奧勒岡州的釣魚

↑【圖 16】海山漁港身處在濕地之間，先天環境上就不利於船隻的進出。

政策，在當地必須購買一條河川的專用釣魚證，才能在河畔釣魚，而政府專款專用，把錢拿來復育魚苗，養殖到一定大小才野放溪流，並且在適當地點建設釣魚平臺，如此一來保證釣魚者可以盡享釣上大魚之樂趣，最後做到多贏的局面。當然政策初期一定會有鑽漏洞的人民，就像過去很多人也不相信臺北市民可以把垃圾回收做的這麼好，一開始也確實看到有人偷偷把垃圾拿到公用垃圾桶丟棄，但是時間拉長之後，絕大多數的市民願意遵守規定。麗水漁港若是成功轉型為釣魚觀光專區，對帶動地方經濟發展絕對有關鍵性的功效。

海山漁港

海山漁港背靠竹東丘陵，北側是香山濕地，其主要由頭前溪和客雅溪沖刷出的泥沙堆積而成（圖16）。香山濕地由北至南全長十五公里，面積一千六百公頃，大約是新竹科學園區的二．五倍。一九九六年國際拉姆薩濕地公約組織正式將香山濕地列為「東亞水鳥保護網棲息地」的一環，二

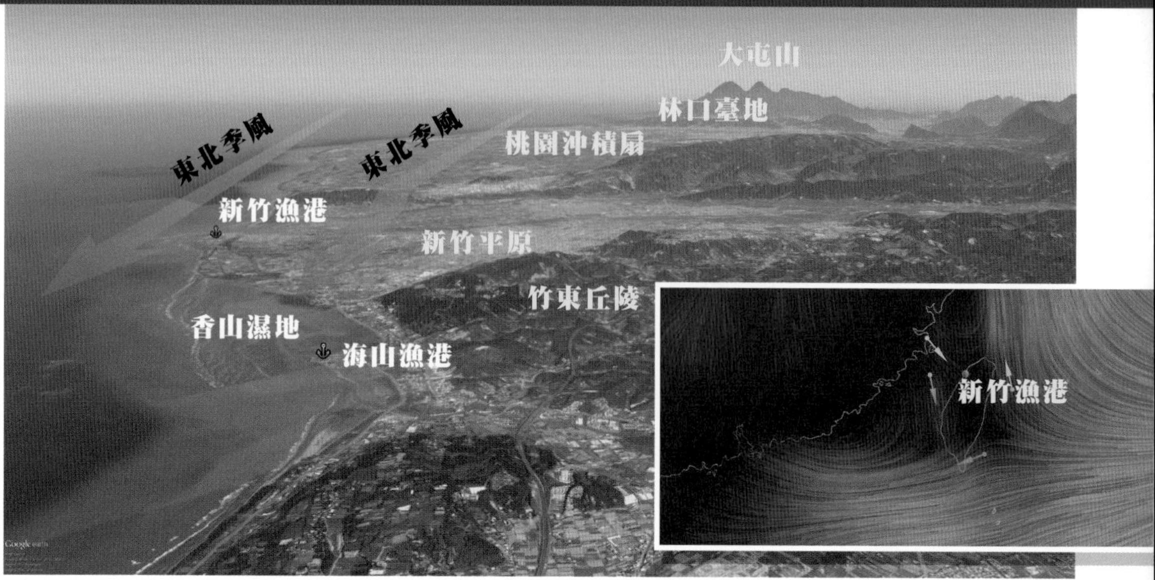

↑【圖 17】有名的新竹風帶來了新竹米粉與香山濕地。有時風也會如右下角的風場圖所示，溫和地從大陸吹過來。

○○一年政府公告香山濕地為野生動物重要棲息環境、新竹市濱海野生動物保護區（圖17）。

新竹市擁有兩個漁港，新竹漁港在北，海山漁港在南，不過新竹漁港屬於服務全國範圍的第一類漁港，相對迷你得多的海山漁港則屬於服務地方的第二類漁港。海山漁港港區最光鮮亮麗的建築當屬媽祖廟，周遭雖然馬路等基礎設施都已經建好，但是乏人問津，呈現一片荒蕪景象。海山漁港位在連綿無際的濕地之間，漁船進出、漁民工作時間受限於漲退潮，加上背靠著竹東丘陵，聚落發展的空間有限，遠遠不如新竹漁港背靠著新竹平原來得具有優勢。

若從對外來看，新竹漁港的位置是大陸船隻直航到臺灣最近的距離（圖18），一七三二年（清雍正九年）福建沿海來臺經常選擇「竹塹港」（現為新竹港）為其目的地，除了距離近以外，這一段海程在澎湖東側黑水溝的北方，少了澎湖與臺灣夾峙所形成之狹窄通道的影響，航程上經常是風平浪靜的，比起從廈門出發經遼羅（金門）、澎湖到安平（臺南）均必須經過紅水溝和黑水溝，來得安全許多。

↑【照片 7】紅毛港。

↑【圖 18】桃園到臺中沿海漁港分布位置。

紅毛港

從一六二四年到一六六二年的三十八年期間，屬於荷蘭人統治臺灣時期，荷蘭人留下來的影響之一，就是臺灣有許多地名、物名冠上「紅毛」二字，例如紅毛土（水泥）、紅毛城（臺南安平古堡、淡水聖多明哥城）、紅毛樓（臺南赤崁樓）、紅毛埠（嘉義蘭潭）和紅毛港。現今依然叫紅毛港的港口有兩處，一處在高雄市小港區，另一處在新竹縣新豐鄉。

新竹縣的紅毛港位在新豐溪出海口的北岸（照片7），同樣因為河口泥沙淤積而漸趨沒落，不過紅毛港的鄰近河口地區卻有大面積的紅樹林分布，地方政府興建方便步行的木頭棧道，讓遊客可以輕易地深入到紅樹林之中（圖19），欣賞自然生態之美。

紅毛港對岸，除了紅樹林，還有鳳坑村的姜厝老聚落（金廣福姜家到臺灣

↑【圖 20】鳳坑漁港。

→【圖 19】成為生態綜合園區的漁港。

的第一個落腳處），以及一〇六棵國寶級臺灣朴樹，這些資產組合起來，倒是可以形成臺灣發展史、客家文化、老屋、植物生態的綜合園區，至於廢棄或沒落的漁港，讓其變成小型氣墊船、獨木舟的停靠站，應該是還不錯的嘗試（圖20）。小型氣墊船非常適合濕地、淺灘、陸地的複雜地形，獨木舟則是另一種可運動又可親近自然的方式，更重要的是，不要花大錢建港、挖沙對抗大自然，而是利用現有設施，花較少的錢建設提供休閒服務的設備就好。如此一來，小地方不再荒蕪，人口不再流失，大都市的人們也多了一處絕佳的休閒去處。

長濱漁港

臺東縣擁有十四處漁港，長濱漁港位於最北邊的一處。自從建港以來，長濱漁港一直為淤沙所苦，在這裡可以快速地見識到大自然如何形成沙嘴，而後

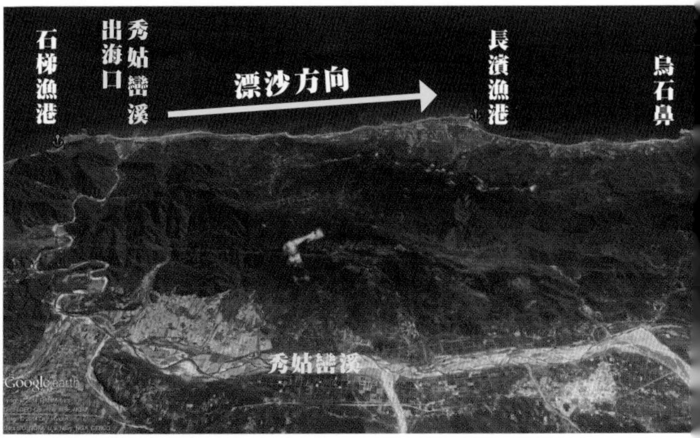

↑【圖 21】秀姑巒溪沖刷出來的漂沙，一路堆積到烏石鼻才衰減。

↑【圖 22】泥沙孕育了長濱的土地，但泥沙也阻礙了長濱的漁業生計。

又快速地形成潟湖，如果不是靠著新臺幣不斷地挖掉淤沙，還可以很快見到海埔新生地。當地漁民受限於淤沙之苦，每年漁業獲利不足兩千萬元，可是臺東縣政府標售沙石的獲利卻超過兩千萬元，變成賣沙比賣魚好賺的諷刺現實。

長濱漁港源源不絕的海沙是哪裡來的？答案不難，就是從鄰近的秀姑巒溪侵蝕沖刷而來的。秀姑巒溪發源於中央山脈，各支流進入花東縱谷以後，一路向北流，最後在瑞穗鄉突然轉向東，切割海岸山脈，一路急速奔流進入太平洋。進入太平洋後的溪水受到沿岸海流的影響，漂沙向南方載浮載沉，因此從秀姑巒溪的出海口往南，可以看到綿延的沙岸或沙礫灘，這樣的景觀向南延伸了約三十公里，直到突出於海上的烏石鼻方才稍歇（圖21）。

長濱漁港位在秀姑巒溪出海口南方十八公里處，剛好就處在秀姑巒溪出海口到烏石鼻的中點，也是漂沙堆積量的高點（圖22）。長濱聚落所在的土地，就是由鄰近的河川千萬年來點點滴滴積累而成，換句話說，沒有這些泥沙沖刷堆積，就沒有「長濱」，但現在也是泥沙堆積導致長濱漁港失能。

⊕ 改變自然型

建設一個漁港不只需要耗費龐大的公帑，也一定會對自然環

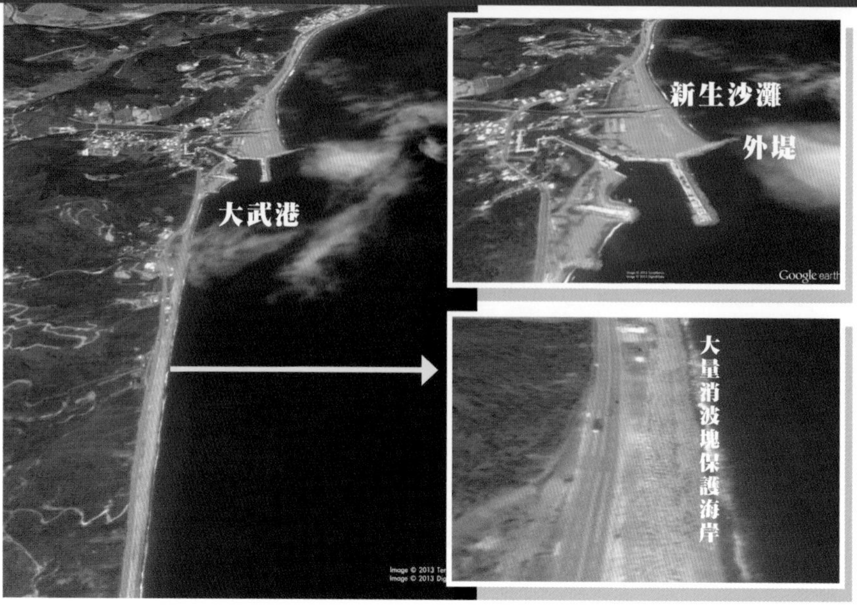

←【圖 23】為了不讓大武漁港淤沙，卻造成南側的海岸嚴重侵蝕後退。

境產生衝擊，對自然環境的衝擊與建港後得到的利益相比較，何者的「價值」較高，必然會有討論的空間，不過有些案例則是大家都會無奈地搖搖頭。

大武漁港

臺灣的漁港數量非常龐大，本島加上離島海岸線全長約一千六百公里，而漁港總數則為兩百二十五處，平均等於每隔七公里就有一處漁港。不過臺灣能找到的天然良港不多，許多漁港都像本島西部的各漁港般，面臨潮差大且港區泥沙淤積嚴重的問題。那麼陡峭峻直的花東海岸是否擁有較多適宜築港的天然灣澳呢？很不幸地，也沒有！但沒關係，在人定勝天的理念下，基本上只要肯砸錢，就一定能弄出個漂亮的漁港，只是大自然有其規律性，抵抗大自然的規律勢必要付出成本，至於划不划算，那就要看從什麼觀點來算。

臺東市西南方有個人口六千多人的大武鄉，六十多年前就興建了大武漁港，但長年也如同長濱漁港一樣為泥沙淤積所苦。為了解決淤沙問題，大武漁港於二十多年前擴大興建外堤，一開始外堤果然擋下了巨量沙石，甚至在大武港北邊創造出一大片新生的沙灘，然而北側新生沙灘快速地成長，最終大到漂沙又翻過外堤，於是大武港又再度淤塞了（圖23）。

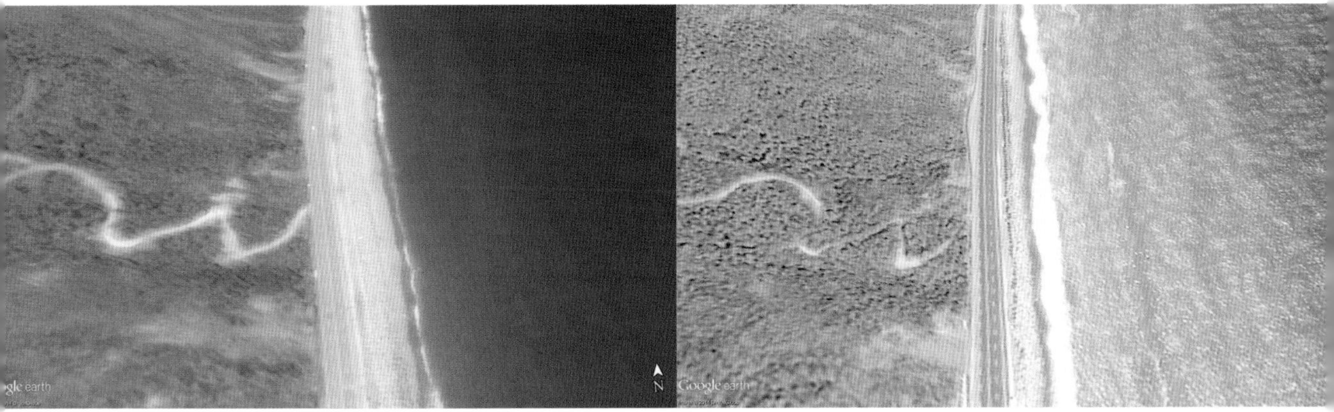

↑【圖 24】左側為二〇〇五年大武漁港南邊沿岸的衛星影像，右側則為二〇一三年的衛星影像，可以明顯地看出來海岸線的後退。

現在呢？只好再拿納稅人的錢，每年花個數千萬用怪手在港口挖沙。

由於每年挖沙效果不佳，於是政府又要編預算把外堤再往外延伸一百五十公尺。這時聰明的朋友應該已經想到另一個問題，原本攔阻在大武港北邊新生沙灘的巨量沙石應該是要往南堆積的，如今被擋在北邊，那麼港口南邊不會有事嗎？應該要來的沙沒來，最直接的結果就是港口南方的沙岸嚴重侵蝕後退，甚至威脅到主要公路（圖24）。怎麼辦呢？再砸錢放置巨量的消波塊來保護海岸線。港口北邊向老天爺借了地，但總是要還的。

對待土地的方式有很多選擇，如果沒有漁港，那麼當地居民如何生活？如果沒有便捷的交通，當地要如何發展觀光？蓋了便捷的高速公路，當地的優質自然環境還能保有多少？對抗、屈服或是選一個最「人地協調」的方式，至於如何才是最人地協調的，就要靠全民的智慧了。

和美漁港

東北角海岸的和美漁港緊鄰金沙灣，位於龍洞與澳底之間的南北向海灣之中。早年和美漁港只是一個小型漁船或舢舨的簡易船澳，一九八八年政府花費四千六百多萬元擴建成

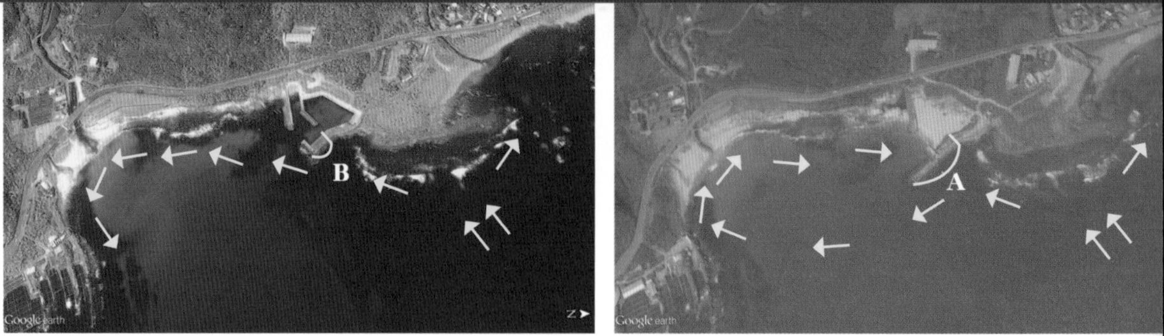

→【圖 25】和美港的長期建港工程給大家上了一堂寶貴的課。

新港，於是一個多年來工程界、環保界、教育界等方面的熱門話題從此誕生。因為和美港所在地點的地名叫做「金沙灣」，顧名思義，這裡本來有一彎金沙覆蓋的海灣，但是和美港建好之後，金沙灣變成了「金礫灣」，金沙灣裡的金沙被和美港吸了過去，和美港反而變成了「金沙港」。

為什麼會這樣呢?當洋流進入龍洞與澳底之間的海灣時，洋流被海灣中間突出的礁石一分為二，往金沙灣的一股洋流就會將漂沙源源不絕地帶進金沙灣。當和美漁港建好之後，標示「A」的防波堤導引洋流轉了將近九十度，而轉了九十度的洋流再被後面推擠進來的洋流向陸地推送，並受到地形的阻擋而轉彎，此時大量漂沙有部分沉積下來形成沙灘，但另一部分則接著往和美港的出入口，進港後因無路可退而沉積下來。這種運動二十四小時不打烊，和美港很快就變成了金沙港。

二○○四年四月政府改變策略，把漁港內的淤沙抽回到金沙灣養灘，最重要的關鍵工程就是拆除一百多公尺標示「A」的防波堤，目的是希望回復原有的洋流行進方向，讓金沙灘不會繼續消逝，和美港不會變成金沙港。然而經過實際檢驗後，證明工程無效，海沙依然灌入和美港。於是二○○八年政府再接再厲，又把標示「B」的堤防給蓋回來，這一次砸錢買經驗的回饋顯然好一些，淤沙的速度開始有所減緩(圖25)。

和美港的長期建港工程經驗給大家上了一堂寶貴的課程，人們對於海水律動與本質有更進一步的理解與認識。對於將來的任何工程，我們都必須做好環境基礎調查，包括洋流、潮汐、風向、海岸地形、海岸鄰近地區的海底地形，甚至必須要考慮是否能整合未來的地方發展目標、區域經建計畫和國土整體發展規劃。唯有將這些調查與考慮納入標準作業程序，並克服多主管機關形成多頭馬車的問題，工程開發對自然環境的影響才能減到最小。

漁港奇聞

人們常常形容澎湖是一個村村有漁港的地方，噢……如果仔細瞧瞧，有時候漁港已經多到數百公尺內就有一個，距離最近的甚至兩百多公尺就有一個，也就是小學學校裡的田徑跑道一圈多一點。澎湖的超商包括統一、全家、萊爾富和OK，全部加起來總共二十四家，但是漁港卻有六十七處，不知道是否可以列入「漁港密度最高」的金氏世界紀錄。

雙連星

赤馬東漁港位於澎湖縣西嶼鄉赤馬村，當年在此設立漁港主要是因為港口面對著馬公本島與西嶼之間的海水面，此區海水面受到澎湖島嶼的圍繞，而相對風平浪靜；另外一個原因則是港區北側有個二十多公尺（七到十層樓）的高地，可以阻擋冬季時強勁的北風。除了赤馬東漁港外，赤馬村還有一個赤馬西漁港，赤馬西漁港到赤馬東漁港的直線距離不足九百公尺，是一個簡易碼頭，提供漁船臨時停靠之用，所以平時看不到什麼船隻，碼頭旁邊還有幾戶人家的前庭就緊鄰著碼頭的盡頭，真的做到我家門前有碼頭的景象。

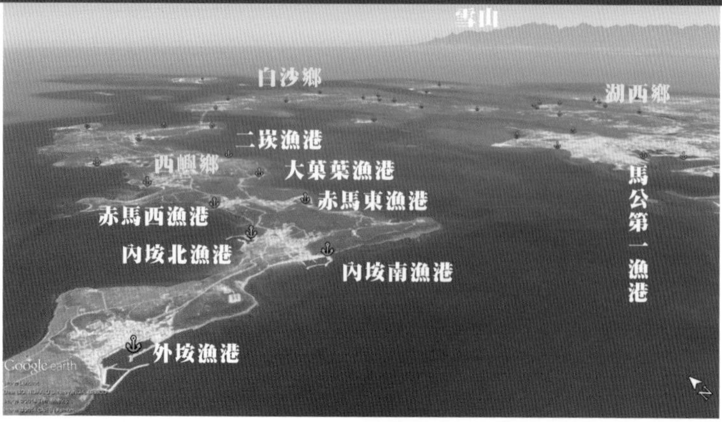

←【圖 26】澎湖西嶼鄉密集的漁港分布。

→【圖 27】白坑漁港與南北寮漁港的出入口相距不到一百公尺。

再往南一些的內垵村位在西嶼的南端，此村也有兩個漁港，北邊是內垵北漁港，而南邊的就叫內垵南漁港，兩港的直線距離只有六百八十公尺，比東、西赤馬漁港的距離還要近（圖26）。

另外，位在澎湖湖西鄉北緣的白坑漁港與南北寮漁港也非常接近，距離接近到兩漁港的出入口僅僅相距一百公尺（圖27）。此兩港所夾處是一個內灣，是個漂亮的潮間帶，盛產紫菜。灣口有著名的奎壁山，奎壁山外海有兩個小島，其中一個在退潮時會裸露出陸地，讓遊客可以踏著海浪走到小島，頗具趣味性。

三連星

馬公市東南方大約一公里的海邊，有三個漁港非常緊密，分別是前寮漁港、石泉漁港和菜園漁港。若是量測漁港出入口到出入口之間的直線距離，那麼前寮漁港、石泉漁港之間僅有兩百五十公

西嶼鄉　　　　　　　　　　　　　　　　　　　　　　　白沙鄉

馬公第一漁港　　　馬公市

案山漁港

前寮漁港

石泉漁港

菜園漁港

earth
ES / Astrium
aMetrics
U.S. Navy, NGA, GEBCO

↑【圖28】前寮、石泉、菜園三座漁港間相距不到一公里。

尺，石泉漁港到菜園漁港則有四百八十公尺（圖28）。另外馬公市南方的風櫃，則是一個村擁有三座漁港，分別叫風櫃東漁港和風櫃西漁港，以及北邊的一個小型避風港（圖29）。這個小型避風港與風櫃西漁港的直線距離只有五百公尺，如果有避風浪的需求，不知為什麼不能多走個五百公尺到風櫃西漁港停靠呢？

還有一個更特別的，那就是澎湖的沙港村，全村八百多人卻擁有三個半漁港，分別是沙港東、沙港西和沙港中漁港，另外半個則在沙港東漁港南邊兩百多公尺的海邊（圖30）。這三個半的漁港造價若是兩億新臺幣的話，分給八百個人，那麼每人可以分到二十五萬元，一戶若是四口人，那麼一戶將可以拿到一百萬元。

當然，這是個譬喻，我們不可能真的這麼做，只是全體納稅人花了那麼多經費，實在有必要詢問一下，為什麼

↑【圖 29】澎湖風櫃。

八百多人的漁村會需要三個半漁港呢？為什麼五百公尺遠就有一個漁港，卻非要再蓋一個臨時避風港呢？為什麼有些漁港之間竟然只有兩百多公尺？大武漁港已經造成南邊海岸線的後退，甚至危害到公路的安全，為什麼非要閉著眼睛繼續一面在漁港清沙，一面在南邊海岸放消波塊呢？這些前前後後花的錢發給大武漁民，他們大概都發財了。

臺灣極大部分的海岸線，尤其是西海岸，都是大量泥沙堆積的海岸，若是只報導某些特殊原因所造成的一小段海岸線後退，其結果並不會讓人想找出真正原因並解決它，反而是提供了更強的理由來放置更多消波塊以「保護」國土。

↑【圖 30】擁有三個半漁港的澎湖沙港村。

海洋印象

由於中央山脈多為頁岩、砂岩和板岩，而頁岩、板岩多為深灰黑色，經過侵蝕沖刷並隨著河川一路堆積到河口與海岸，使得臺灣的沙灘顏色多是黑黝黝的，感覺髒髒的。再者，臺灣海峽風勢強勁，海面風浪大，航海經常遭遇風險，久而久之，文化內涵裡就認為海是危險的、黑暗的、死亡的，當然也就不願意親近海。遠離海邊或僅是駐足海邊，對海只會更加陌生，文人墨客自然也就寫不出動人心扉的海洋文學，難怪海洋文學家廖鴻基先生經常說：「在臺灣要當海洋文學家不是很困難，因為沒什麼人和你競爭。」

西方海洋文學如荷馬 (Homer) 的史詩《奧德賽》(*Odyssey*)、梅爾維爾 (Herman Melville) 的《白鯨記》(*Moby-Dick*)、海明威 (Ernest Miller Hemingway) 的《老人與海》(*The Old Man and the Sea*)、康拉德 (Joseph Conrad) 的《黑暗之心》(*Heart*) 等，充滿了對海的想望、對海的冒險。冒險意味著必須承受風險，於是從小教育要有風險意識，在安全概念上自然會多所準備。挪威到處是峽灣，峽灣上到處是懸崖，懸崖上無任何欄杆，建國至今卻只有一人摔死。人們除了讚揚逝者的冒險精神，更要討論如何做好安全準備，而非裝上圍籬了事。

臺灣也有冒險，但是冒險精神不被讚揚，於是缺乏冒險安全意識的討論與教育，也缺乏對冒險行為負責的自我責任感，所以才會不斷有颱風天去海邊釣魚、去攀登大山的奇怪行為。

02

知水如上善

水庫的賞與罰

臺灣平均年降雨量約為兩千五百公釐，大約是全世界平均降雨量的三倍，聽起來好像很多是吧！可惜，其中八六%不是蒸發、滲入地下，就是流向大海，只有一四%才為人們所利用。一四%夠用嗎？由於臺灣人口數量多、土地面積小，我們每人每年平均分配的可用雨水量，僅僅約為世界平均值的五分之一，甚至比沙烏地阿拉伯還少。

照理說，缺水的國家應該珍惜水資源，但是讀者有感覺到我們在生活上對水有特別錙銖必較嗎？大家用水可灑脫了，洗個碗、洗個車幾乎是水龍頭爽快開到底，看著水嘩啦嘩啦地流著，眉頭都不會皺一下，為什麼會這樣呢？因為水價太便宜了，臺灣每戶每年平均水費不到三千元，大約只占了每戶平均所得的〇・二%，也就是說，每賺一百元當中只有兩毛錢是花在自來水費上。水費便宜有什麼壞處呢？首先，水資源肯定不會被珍惜；其次，水公司賠本，導致自來水系統難以改善，管線老舊漏洞百出，水資源再次被浪費，而且水質也難以提升；再者，工業用水大戶用的水愈多，享受政府補貼愈多，政府花錢補貼水價、花錢改善水資源，最受惠的是用水大戶，小老百姓反而吃了大虧。

國人每天的生活用水中，到底哪一項耗用最多呢？答案是每天沖馬桶的用水。二〇一〇年臺灣平均每人每日用水量為兩百六十七公升，沖馬桶的用水比例接近三〇%，也就是每天拿八十公升去沖水，若乘上臺灣人口兩千三百萬，那麼每年沖馬桶可以沖掉將近七億噸，換個方式說，我們每年必須用超過三座石門水庫的總蓄水量來沖掉排泄物。另外，過去舊型馬桶的水箱大約有十三公升，現代新型的馬桶可以做到四公升，也就是說，光是全臺灣的馬桶都換成新型的，大約每年就可以省下超過兩座石門水庫的總水量。但是多數人可能不會換馬桶，因為廉價的水費使得換馬桶前後的水費差異不大，實在難有誘因。按照臺灣每戶每年平均水費三千元計算，換了省水新馬桶，每月可以省下大約五十元水費，如果換裝一個要價八千元的省水馬桶，那得要花十三年半才能回本。

臺灣地形陡峭、地質容易破碎，加上年降水量大，降水強度強，導致河川含沙量大，因此西部平原大多是河川泥沙逐漸沖刷出來的。坡陡流急讓降水停留在陸地上的時間太短，這對水資源的應用非常不利，於是就蓋了許多水庫、水壩來延長水資源停留在陸上的時間，這一堆庫、壩、堰合計有一百一十座，平均每約一個新北市烏來區的面積中（三百二十一平方公里），就有一個庫、壩、堰。

如此這般狂蓋庫、壩、堰，為的就是生活用水和水所引發的問題，不過任何事情都是有代價的。庫、壩、堰把沙石攔阻下來，河口的泥沙沖積量減少，河口附近的海岸線就會向後退縮。庫、壩、堰把水擋下來，往下游方向的河川水位必然下降，導致鄰近包含河口地區的地下水面也跟著下降，於是河口附近的土壤鹽化情形日益加劇。

舉一個實際的例子，曾文溪口擁有大量上游沖刷下來的營養鹽，形成豐富的生態體系，吸引無數的候鳥到此覓食，為了護衛美麗資源，政府於此特別設立了

←【圖 1】曾文溪中、上游建設許多庫、壩、堰，導致河口泥沙減少，用 Google Earth 的歷史衛星影像可以看出從一九八四年（黃色線）到二〇一二年（白色線）曾文溪口海岸的後退幅度。

黑面琵鷺野生動物保護區和臺江國家公園。不過，近三十年來曾文溪河口北岸最大後退幅度達到九百多公尺，這當然與曾文溪上游猛蓋庫、壩、堰有關（圖1）。那該怎麼辦呢？節約用水減少對水庫供水需求是一個辦法，但是在水費低廉的狀況下，只能流於道德宣導，實際效用不大。將水的供應分類也是個對策，畢竟拿來喝的水、洗衣服的水和沖馬桶的水是不一樣的，如果洗滌完的水可以回收沖馬桶，這樣就省水多了。然而，最有效水資源管理方法，恐怕也是大家最不愛聽的方法，仍舊是漲水費。別急著生氣，以價制量真的是省水硬道理，沒有價格制約的省水，任何道德呼喚都是徒勞無功的。

透視地下水

地下水顧名思義就是滲入到地表以下的水，那麼水在地下會是什麼樣子呢？

用一個岩層均質透水的小島為例，阿基米德原理告訴我們，密度較小者會浮在密度較大者之上。由於淡水的密度比海水小，密度較小的淡水會浮在海水之上，當地下水位高出海平面 h 時，那麼海平面以下的地下水深度大約是四十 h（圖2）。簡單地說，海平面之上和之下的地下水比例大約是一比四十。當我們攔截地表、河流的水或是直接抽取地下水來使用時，都會導致地下水庫減少，但是大自然會不斷降水，降水滲透進入土地，地下水就可以不斷被補充。此外地下水也會不斷地補充河川流失到大海的水，這也是為什麼就算三個月不下雨，淡水河還是會有水的原因。

若是我們攔截、抽取地下水的量，超過降水後的地下水補充量，那就必然會導致地下水庫總量減少，這時就變成「超抽」地下水。超抽地下水必然導致地下水面下降，可怕之處在於地下水與地下鹹水的交界面會以四十倍的速度上升，若是鹹水過於接近地表，土壤就會鹽化，植物即面臨生存困境。

若是抽取地下水到地面來養殖水產，還會誘使地層下陷，而濱海地區地層下

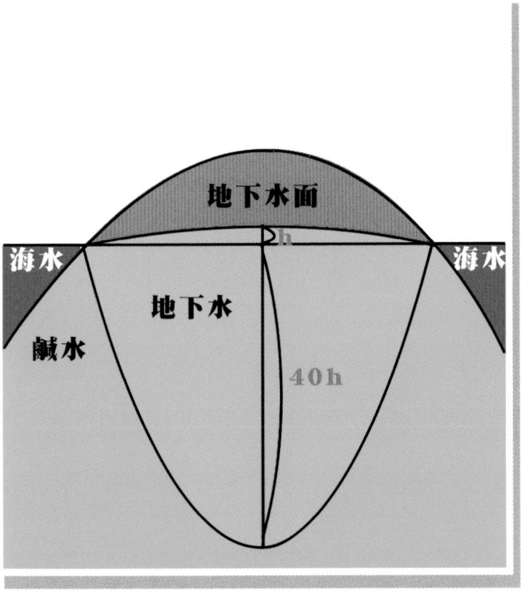

↑【圖 2】海平面以下的地下水高度是海平面以上的地下水高度的四十倍，超抽地下水會使海平面下的地下水高度迅速縮小，因而使得鹹水快速接近地面。

陷則又會促使海水入侵沿岸，這可是一整個麻煩呀！那麼已經下陷的地區有辦法回復原狀嗎？答案是沒有！而已經降低的地下水面可以恢復到原來的高度嗎？答案是可以！但是要付出代價。這些地層下陷地區實際上每年已經在為超抽地下水付出代價，最有名的例子莫過於屏東縣的餃塭村，該村若是超抽地下水所產出的經濟價值大於付出的代價也就罷了，實際上卻是代價比產出還要高得多，不僅是全民要付費協助地層下陷地區諸如水災補貼、魚塭流失補貼、堤防修補等經費，而且計算當地居民數十年來超抽地下水的損益，各方面賠下去的恐怕比賺的還要多！

03 外傘頂洲

從小課本裡描述臺灣的河川特徵就是「坡陡流急」，然而坡陡流急的結果必然是山坡地遭到強烈侵蝕，土壤大量沖刷，土石流不時地發生。於是河川含沙量大，下游沖積平原就會快速擴大，河口不斷向外海增長。此時外海開始有成串的濱外沙洲，濱外沙洲和沿海沙岸圍起一個又一個的潟湖，潟湖慢慢地被淤沙填平，誕生了海埔新生地，使得臺灣西部的平原面積也就愈來愈大。

這就是臺灣的自然環境特徵，我們腳下的土地正是數百年來山區不斷地山崩、土石流、土壤沖刷堆積出來的。過去山裡發生土石流是為地質現象，現在土石流經過聚落，造成生命財產的損失，就變成災難。差異在哪？很清楚！有人與沒人的差別。這是人口膨脹，人愈來愈多，可居住地愈來愈有限的結果。我們必須學著理解這塊土地的特性，謙卑地尊敬大自然的力量，古人所說的「順乎天理，應乎自然」，今日必須重新加以重視才行。

嘉義縣東石鄉外海約十餘公里處，與澎湖列島遙遙相對，有一個臺灣最巨大的濱外沙洲：外傘頂洲。這樣的巨大沙洲在臺灣的地形演變中，曾經非常頻繁地出現過，最讓人耳熟能詳的，就是三百年前環繞在安平港外海（臺江內海）的巨大沙洲，當時人們覺得這些外海中的沙洲猶如海中大魚，就以一鯤鯓、二鯤鯓、三鯤鯓……來命名。過去的臺江內海範圍廣大，從雲林到嘉義、臺南的沿海，都是一片水汪汪的潟湖，然而滄海桑田，今日臺江內海大多因泥沙淤積和河川沖積而變成陸地，外傘頂洲可以算是臺江內海碩果僅存的「遺跡」了。為何說「可以

↑【圖 1】黃色區塊代表二〇一二年的外傘頂洲範圍。外傘頂洲的最南緣擺幅最大，大約向東移動了兩千七百公尺，面積則縮減了六平方公里，而外傘頂洲北方的沙洲卻變大了。

算是」呢？因為沙洲本身是一直處於連續沖刷、堆積的綜合結果，此刻所見的沙洲，下一刻其實又有微小的變化了。

台塑公司在雲林縣麥寮鄉填海造地打造了第六輕油裂解廠（簡稱六輕），這一填填出了二六・〇三平方公里的新生地，相當於一〇四個中正紀念堂的面積。巨大延伸出去的新生地必然對沿岸海流產生影響，緊鄰雲林外海的洋流方向是由北向南，因此許多人擔心位在六輕南邊的外傘頂洲會由於供沙減少而逐漸消失，讓移動中的國土成了消失中的國土。

交通部觀光局的網頁中說明外傘頂洲受到波浪、沿岸流及東北季風影響，平均每年往西南方向漂移六十至七十公尺，而且面積縮減到僅存一百公頃（一平方公里）。這份資料顯然過時且存在著錯誤，將一九八四年到二〇一二年外傘頂洲地區的衛星影像疊合在一起（圖

1），就可以清楚觀察到自一九九八年六輕第一期工程完工啟用以來，確實對外傘頂洲產生影響，使其不再向西南延伸，從二〇〇四年開始，外傘頂洲大幅度地向東移動，也就是向臺灣本島陸地移動，最南緣擺幅最大，大約向東移動了兩千七百公尺，亦即面積從一九八四年的十九平方公里，縮減到二〇一二年的十三平方公里（觀光局網站上竟然說只剩下一平方公里）。哇！少了六平方公里，那麼會變成「消失的國土」嗎？

向北邊看，一九八四年在六輕和外傘頂洲之間僅有數個小面積的沙洲，現在則已經發展成一大一小的兩個大型沙洲，大的約有二十四個中正紀念堂的面積（約六平方公里），小的也約有八個中正紀念堂大小（約兩平方公里）。觀察這兩個沙洲目前的發展趨勢：一是變大；二是向陸地靠近；三是向南延伸。最終如果這兩個大小沙洲與現今的外傘頂洲相連，那麼外傘頂洲面積反而變大了，而且是向北延伸以及向陸地靠攏。

總結來說，六輕對沿岸海沙的堆積確實產生了關鍵性影響。原本受東北季風和由北向南的沿岸流影響，外傘頂洲不斷地向西南方移動，但是六輕所創造的巨大突出新生地，導致外傘頂洲面積縮小並向陸地靠攏，而緊鄰外傘頂洲的北方，則產生了兩個逐年變大的大型沙洲，未來很有機會與外傘頂洲相連。

04 全球暖化淹到哪？

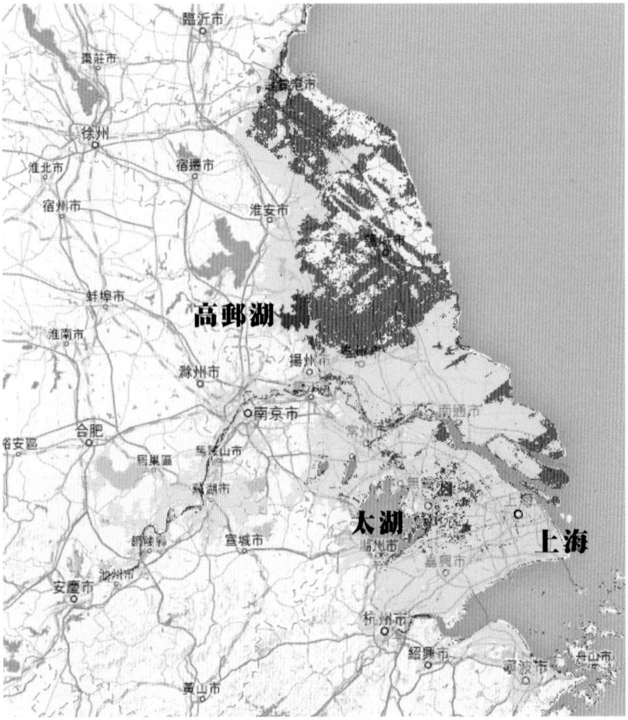

←【圖 1】長江三角洲地勢低平，若海平面上升兩公尺，則紅色區域會被海水淹沒；若上升七公尺，則黃色區域都會被海水淹沒。

全球暖化、冰河退縮、海平面上升……這些年來大家聽得耳朵都長繭了，然而聽完之後，冷氣照開、汽車照跑，生活型態似乎沒有太大的改變。主要原因在於：第一、「未來不精確的事」；第二、「似乎是別人家的事」，所以實在「無感」。如果新聞剛報導暖化，隔天大水就淹到家門口，那保證地球上沒有任何一件事比暖化更重要了。

全球氣候到底有沒有暖化一直爭議不斷，直到享譽國際的攝影師詹姆斯・巴羅格 (James Balog) 在各地冰河前緣安裝攝影器材，用鏡頭捕捉了成千上萬張壯觀的冰河景象，並史無前例地以這些照片做為視覺證據，用縮時攝影技巧具體呈現了冰河退縮的動態變化。斯巴羅格最大的貢獻，恐怕就是讓所有懷疑全球暖化的科學家喪失了強力反駁的論證。

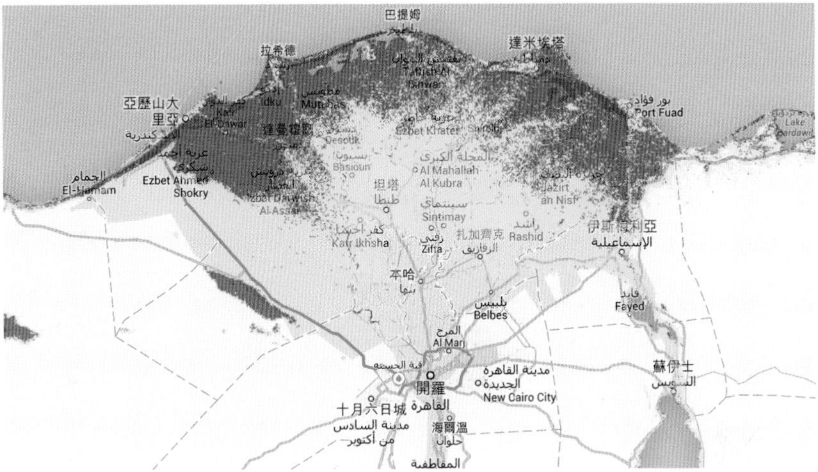

→【圖2】尼羅河三角洲在海面上升七公尺的狀況下，會有將近九成的土地消失。

全球暖化會引發海平面上升，世界各地針對海平面上升幅度所做的推論並不完全一致，目前推估到二一〇〇年為止的海平面上升高度範圍，從較樂觀的兩公尺到最悲觀的七公尺為最大宗。

運用Google Map將海平面分別提升兩公尺和七公尺來觀察看看（圖1），首先是平坦的長江口地區，如果海水上升到七公尺，光是長江口沿岸地區就會淹掉二一・七個臺灣的面積，上海、蘇州、寧波將會完全沉到水面下，太湖和高郵湖將與海水接通而成為歷史的記憶，蕪湖市會沒入水中形成新的長江沿岸湖泊，南京市則幾乎被眾水環繞而近似半島，簡單地說，就是世紀大災難。若是海平面只有上升兩公尺，那麼就「只」損失蘇北地區和高郵湖（面積大約是一個臺灣）。

位在埃及的尼羅河三角洲面積有兩萬四千平方公里，若是海平面上升七公尺，將會淹掉兩萬兩千平方公里，也就是說三角洲有九〇％的肥沃土地都會變成海床了（圖2），再者尼羅河三角洲可是居住了埃及三分之一人口的地區，這些人口難道要移往沙漠裡求生？屆時此區域必然因資源不足而產生動盪。海平面上升對埃及唯一可能的好處，就是蘇伊士運河將會變得更加寬敞。

→【圖3】荷蘭是有名的低地國，光是海面上升兩公尺（紅色區塊），全國就會有六成的土地消失在海平面之下。

荷蘭是有名的低地國家，全國有一半的土地低於海拔一公尺，只要海平面上升兩公尺，將會有六成的土地沉入海面下（圖3），這已不僅是國家危機，而是到了生死存亡的關鍵時刻了。

至於臺灣呢？如果海平面上升七公尺，從臺中到屏東沿海會有大片土地沉入水中，梧棲、龍井幾乎全區消失，和美、鹿港、芳苑、二林則是少了一半，麥寮、布袋、朴子、佳里損失慘重，不但大半土地變海，連市區都會被海水包圍而形如孤島。臺南市受影響最大的是安南區和新市區，而舊臺南市區到永康區，則因海拔較高影響較小，這也是為什麼我們很少聽到舊臺南市區淹水的原因。高雄市的路竹、楠梓、鼓山、鹽埕、前鎮、小港區都屬七公尺淹沒區。緊臨高雄市每次下豪雨就淹水的東港、林邊，只要海水上升兩公尺，全區就會成為歷史。如果你家就在上述地區，現在對暖化、海平面上升是否比較有點感覺呢？畢竟家園消失是一件誰都不願面對的夢魘（圖4）。

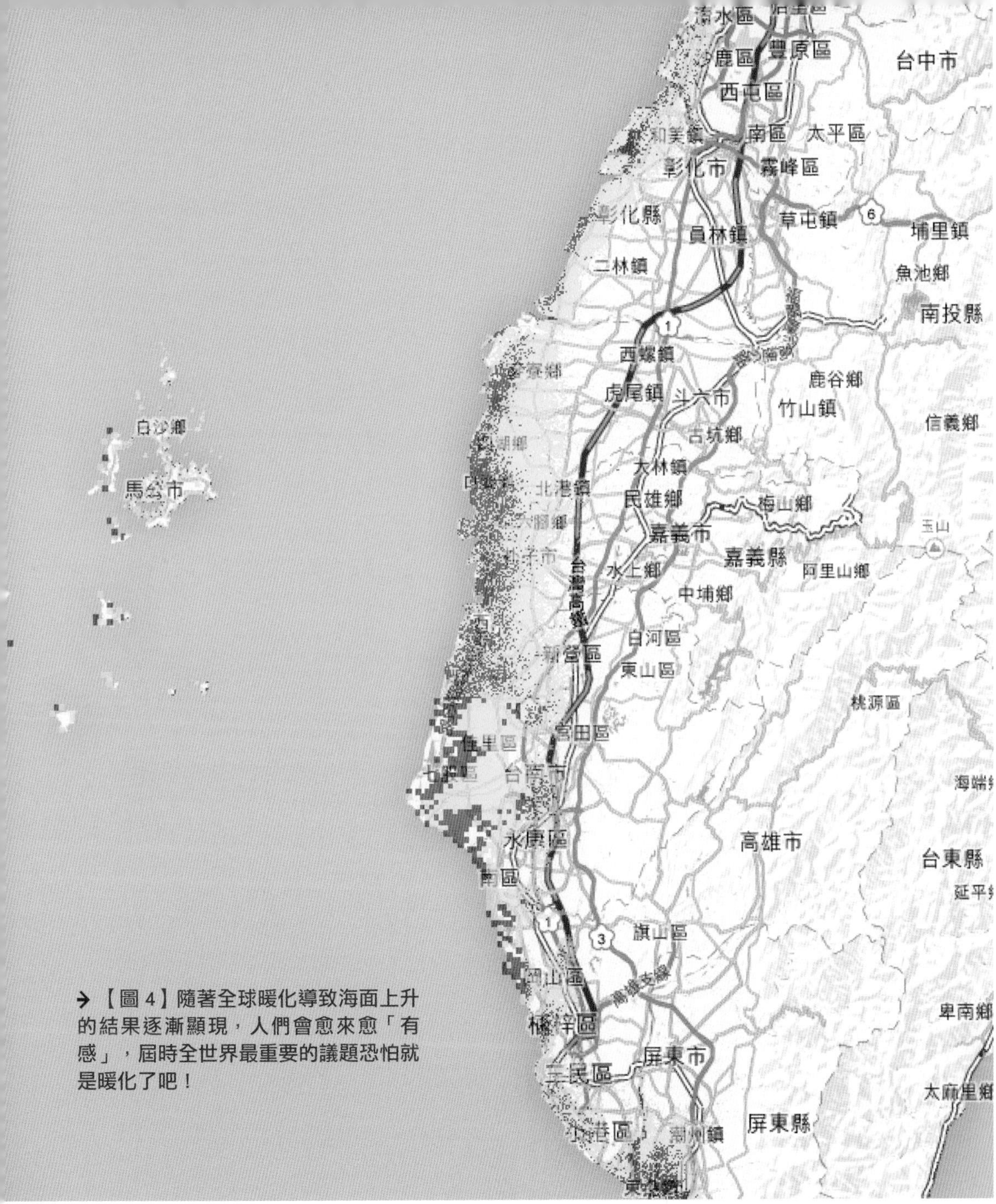

→【圖 4】隨著全球暖化導致海面上升的結果逐漸顯現，人們會愈來愈「有感」，屆時全世界最重要的議題恐怕就是暖化了吧！

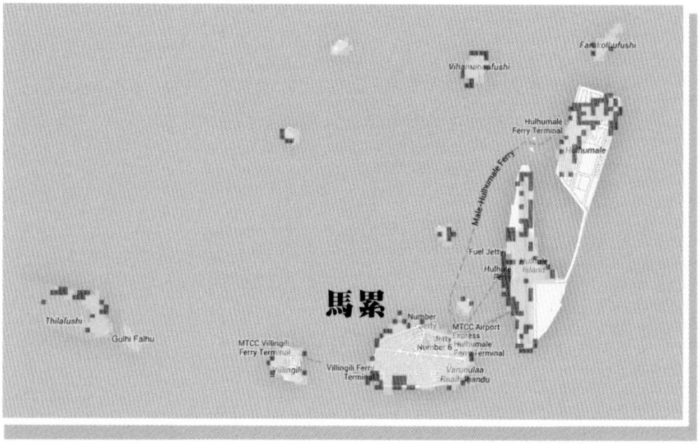

→【圖5】馬爾地夫很可能成為全球暖化下第一個滅頂的國家。

⊕ 馬爾地夫的適應

位在印度洋中央、如天堂般的島國馬爾地夫正面臨最嚴峻的挑戰。全國有八〇%的土地低於海拔一公尺，就算海水面「僅」上升兩公尺，全部一千一百九十二座島嶼中，還能浮出水面的大概只有一百座，而還能住人的更是只剩下個位數（圖5）。基本上這個國家的未來，有很大的可能會被全球暖化滅國。

暖化導致海面上升，沿岸的土地會遭受損失，而美麗的沙岸遭受侵蝕會向後退縮，所以馬爾地夫開始整合居民，集中居民的居住範圍，減少對海岸的建設衝擊。但是有些建設是無法妥協的必須設施，例如對外交通的機場設施，馬爾地夫政府的應對做法是加高目前機場設施的海拔高度。

觀光收入支撐著馬爾地夫的經濟，但是如何減少觀光帶來的衝擊就必須慎加思考。例如，為了減少潛水對珊瑚礁的影響，開發更多元的觀光旅遊方式就是一種可行方案；為了減少農產品進口所產生的外匯損失和碳排放增加，開發水耕農業是一個很棒的方案，馬爾地夫不缺陽光，但是缺乏土壤，運用水耕技術無土栽培，盡量在地耕作，有助於替代部分水果、蔬菜的進口。

水資源對於小島而言就等於生存資源，然而海水淡化成本過高、排碳量驚人，絕不是取水的最佳方法，所以積極推動太陽能蒸餾海水來替代部分用水需求，並廣建儲水裝置和雨水收集器，全面管理分配地下水的補給與使用，都是很好的方式。

暖化會造成海水面上升多少公尺或許有爭議，但是海水面將會不斷地上升，多數海岸會因海面上升而不斷地後退，則幾乎已成共識，未來世界各國的海岸防護經費也將會愈來愈高。

臺灣某些海岸會因為超抽地下水而面臨更為艱難的處境，合理地使用水資源與合理地使用能源是一樣重要的議題，超抽地下水不僅是農民的責任，工業大戶、一般百姓浪費自來水也是間接地耗用地下水，也等同於「超抽」地下水。水資源的合理分配與使用是全民的責任，也是全民的共業，大家必須集體承擔。

III 數字看世界

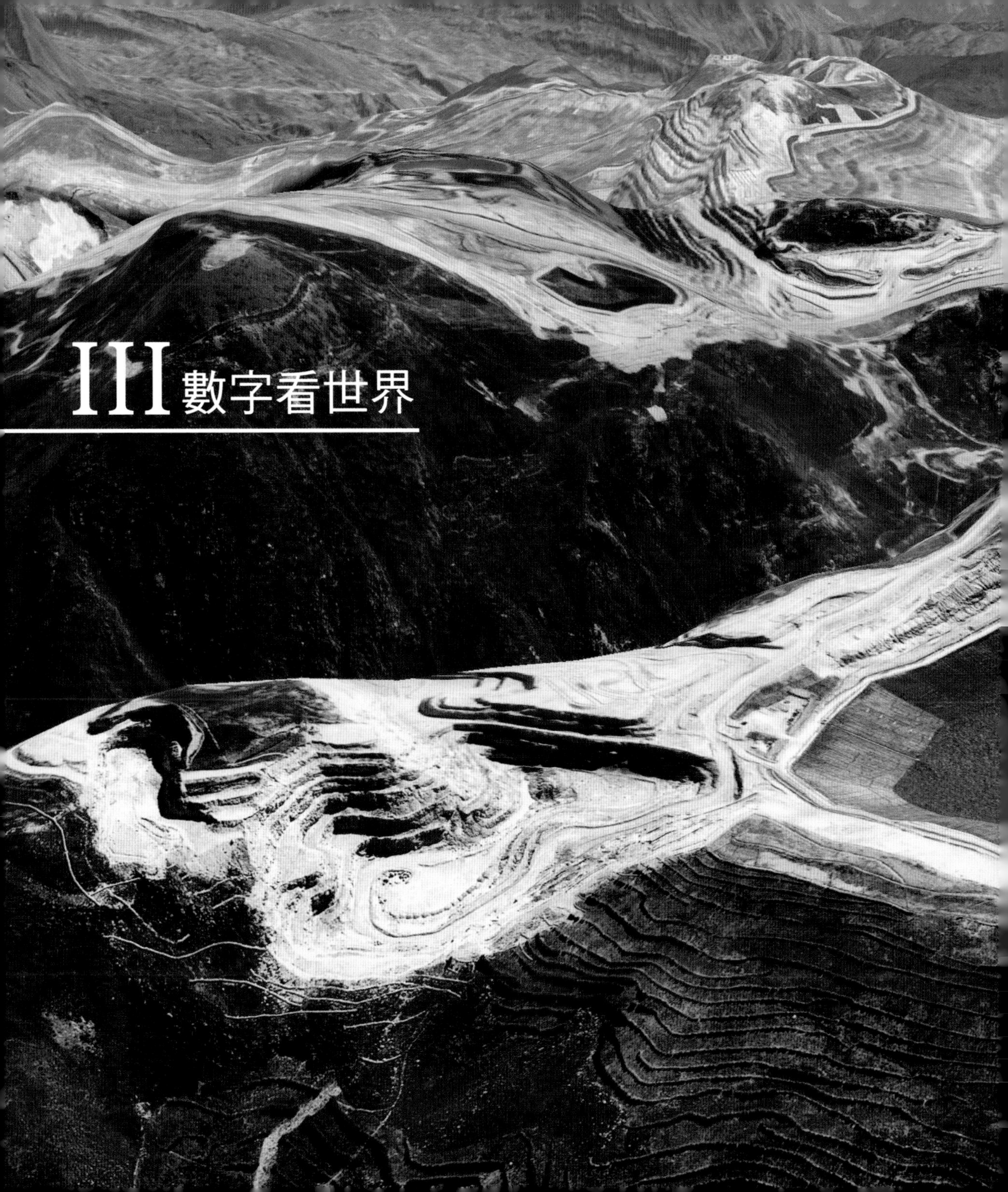

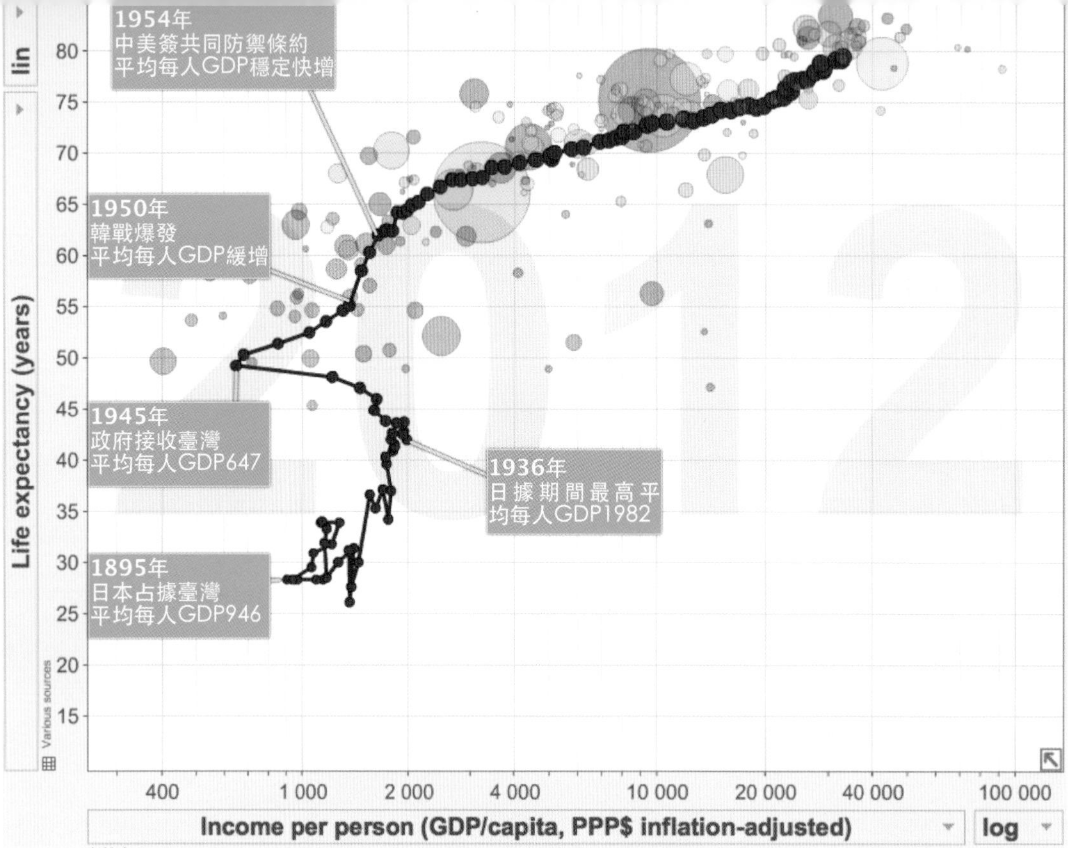

↑【圖 1】臺灣平均每人國內生產毛額與預期壽命間之關係。

全世界有一百九十五個獨立國家和七十二個主權特屬地區，這麼多國家光要說出國名就已經不容易了，若要弄清楚這些國家的民主、經濟等發展狀況，更是艱難的挑戰。其實對於一般人而言，要認識這個世界並不需要把每一個國家、主權特屬地區的大部頭資料加以逐項研讀，只要透過簡單的圖表加上地圖，會更加容易理解這個世界。我們臺灣，面積大約是美國的兩百六十七分之一、中國的兩百六十六分之一、日本的十分之一以及南韓的四分之一，雖然土地面積不大，但是影響力卻不容小覷。

「用大家都看得懂，以事實為基礎所建構的世界觀，來對抗極具破壞性的無知。」GAPMINDER 網頁上自我介紹的第一句話就是這麼說的。

GAPMINDER 是一個不接受任何經

購買力平價(Purchasing Power Parity)

簡稱 PPP，又稱相對購買力指標。由於各國有不同的商品價格水準，若是要對各國的國內生產總值進行合理的比較，就必須要有一等值係數，購買力平價即依據各國差異而計算出來。例如麥當勞的漢堡在各國的售價並不相同，同樣的美金在各國能買到的漢堡數量就不盡相同，若要比較各國的購買力，就必須依據各國各種商品價格的差異將加以調整。

費補助的非營利性事業，蒐集並運用如聯合國、世界銀行、世界衛生組織等單位的數據資料，供大眾免費 EXCEL 格式下載；另一方面，在 GAPMINDER 網頁上亦有動態統計圖的呈現方式，讓死板的統計資料加上時空動態的變化，可以更加深資料背後所展現的歷史縱深，若能善用此工具，即能看到許多不同角度的觀點。

當我們設定座標為平均每人國內生產毛額（GDP，以購買力平價來計算，以下皆同）和預期壽命（圖1），並且加上時間變化時，可以清楚地看到一八九五年日本占據臺灣時，臺灣的平均每人國內生產毛額為九百四十六美元。日本統治期間最高達到一千九百八十二美元，但是隨後因第二次世界大戰又急速退到比接收前還少的六百四十七美元。

一九四五年中華民國政府接收臺灣時，平均每人國內生產毛額就是六百四十七美元，隨後五年快速增加到一千三百〇四美元。一九五〇年由於韓戰爆發，受到國際局勢影響，平均每人國內生產毛額增加趨緩，直到一九五四年中美簽訂共同防禦條約後，臺灣的平均每人國內生產毛額進入持續且快速增加期，長達半個世紀。到二〇一二年為止，臺灣的平均每人國內生產毛額達到三萬兩千八百四十一美元（同期南韓兩萬六千一百九十九美元、日本三萬一千兩百七十四美元）。另一方面，日本統治期間預期壽命從二十八歲提高到四十六歲，中華民國接手到現在則是從四十六歲到七十九歲，除了二次大戰期間以外，一百年來臺灣的預期壽命都穩定地增加。

02 平均每人國內生產毛額和民主

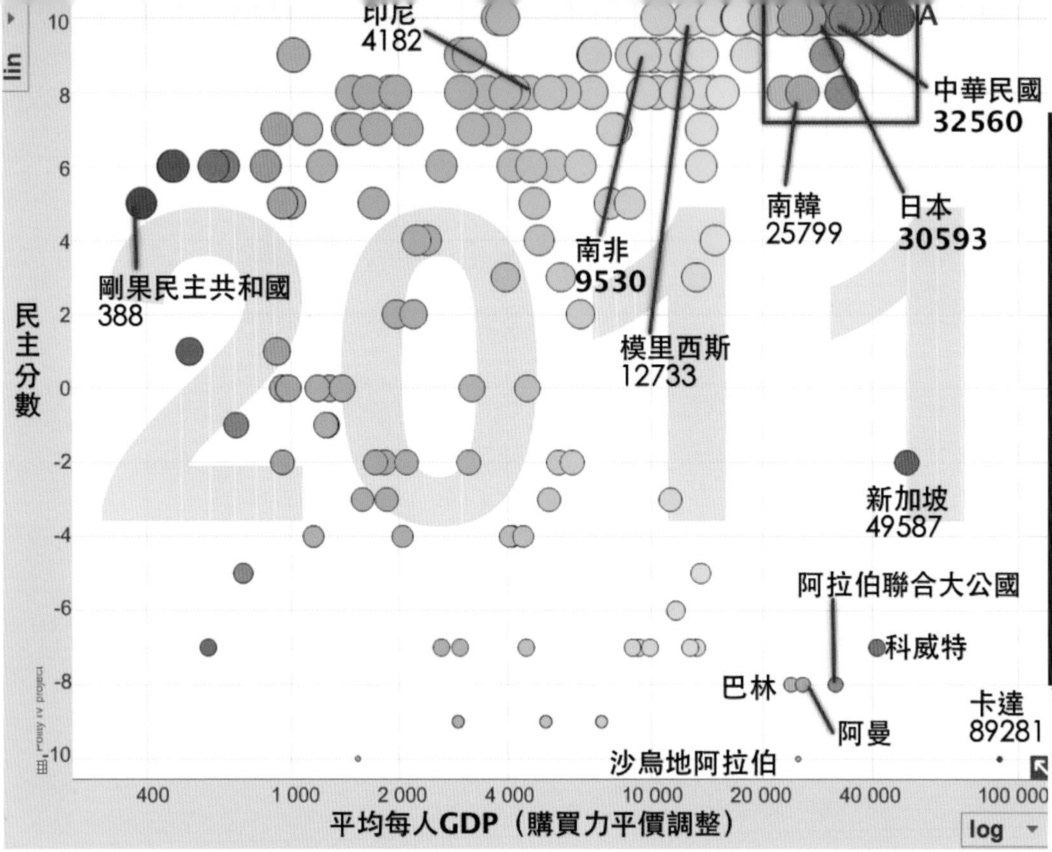

一個國家民主發展程度愈高，是否該國的平均每人國內生產毛額也會愈高呢（購買力平價計算，以下皆同）？從圖表中（圖1）泡泡的分布情形可以很清楚地看到，兩者之間顯然關係不大。

平均每人國內生產毛額最高的國家是卡達，但是卡達的民主分數是最差的負十分；而平均每人國內生產毛額世界最低的剛果民主共和國，民主分數反倒有五分。卡達的民主分數負十，那大家熟悉的北韓呢？果然極權專制的北韓民主分數也是負十分。世界上只有三個國家拿到負十分，除了北韓、卡達以外，第三個是沙烏地阿拉伯。但如果縮小範圍，只看全世界平均每人國內生產毛額在兩萬美元以上，且民主分數在八分以上的國家（上圖的A框中），將會發現多數集中在西方文化區（歐洲、北美、

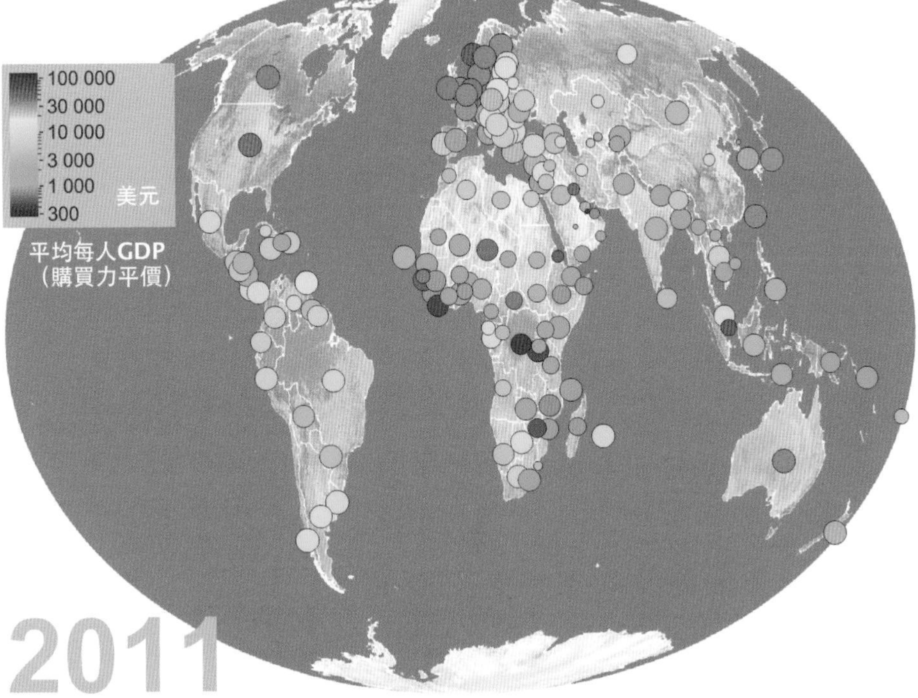

↑→【圖 1】平均每人國內生產毛額在兩萬元美金以上的國家大多集中在西方文化區內，包括歐洲、美、加、澳、紐圖中圓圈大小代表該國民主分數高低。

澳、紐）和日本、南韓與中華民國。換個角度看，中華民國與日本是唯二在西方文化區以外，民主分數達到滿分十分（南韓八分）而且平均每人GDP超過兩萬美元的國家。

若是只看平均每人國內生產毛額在兩萬美元以上的國家，在此範圍內有七個國家民主分數在零分以下，其中六個是伊斯蘭教的產油國，一個是平均每人國內生產毛額達到四萬多美元但民主分數卻負二分的新加坡。新加坡之所以民主分數低，是因選舉制度保障了執政黨可以拿到九五%以上的國會席次，另一方面，無國界記者組織也將新加坡列為無新聞自由國家，這樣的訊息恐怕會讓許多人對新加坡搖頭嘆息。然而，平均每人國內生產毛額高達四萬九千多美元（二〇一二年），這個可怕的數據可是讓新加坡排名世界第四位（前三名是卡達、澳門、盧森堡），且新加坡富翁人

民主分數

係為評量一個國家的民主與自由性質的綜合衡量指標。-10 為最低值，10 是最高值。

數愈來愈多，預計到二〇一七年，每二十個人就有一人是擁有逾百萬美元淨資產的富翁。相較於周邊新興國家經濟前景的不明朗，新加坡吸引了中國、印度、馬來西亞等國的富人前來移居，至於民主……或許這些富人認為錢會讓他們更自由吧！

伊斯蘭教國家普遍民主分數較低，但是最大的伊斯蘭教國家印尼卻是個例外，印尼的民主分數達到八分，比泰國的七分、馬來西亞的六分還要高呢！有人認為伊斯蘭教的精神與民主精神不相容，但是印尼顯然證明了這個說法不對。另外，撒哈拉以南的非洲國家，刻板印象中民主分數應該不太樂觀，但是模里西斯卻拿到最高的十分，比我們熟知的曼德拉 (Nelson Rolihlahla Mandela) 總統爭取黑人自由民主的南非共和國還要高一分，主要是因為模里西斯擁有穩定的議會、定期的選舉以及和平的政府。

這個世界有平均每人國內生產毛額近九萬美元但民主分數負十分的國家，也有平均每人國內生產毛額低到三百多美元而民主分數卻有五分的國家。臺灣的民主分數是滿分，卻有人認為政府專制，網路盛傳臺灣是個快窮死的鬼島，但是依據 GAPMINDER 的數據，平均每人國內生產毛額卻比日本、南韓還要高，聽到這話，必然有疑慮者拿出別的數據證明主計處、世界銀行的數據有缺失，但至少對數據有疑慮者應該會同意，臺灣就算沒排到世界前幾名，各方面經濟數據令人頗為「失望」，但應該還不至於用窮死、崩潰、極權專制來形容啦！

換個角度看，世界真的不一樣。

03 馬爾薩斯怎麼說？

一七九八年，英國的人口學家、政治經濟學家馬爾薩斯 (Thomas Malthus) 出版了經典之作《人口論》(*An Essay on the Principle of Population*)，書中認為人口是等比級數成長，糧食則是等差級數成長，長遠來看，最後人口必然超過糧食供應，那該怎麼辦呢？馬爾薩斯於是提出了「自然調節」，例如天災、饑荒、戰爭等等。這下麻煩來了，居心叵測的領導者找到發動戰爭的理論基礎，稱其是「必要之惡」，是「自然」的調節。對此馬爾薩斯備感輿論壓力與內心痛苦，最後修正所著的《人口論》，指出人口超過糧食供應後，除了自然調節，還可以「人力調節」，例如人口節育、計畫生育等。

馬爾薩斯的理論對後來達爾文 (Charles Darwin) 的學說有相當的啟發，一八五九年達爾文發表了《物種起源》(*On the Origin of Species*)，就不斷在書中提到「進化」二字，以「天擇說」和「地擇說」為理論基礎，晚年還加入了「性擇說」。這些說法的核心都是適者生存、進化，不適者淘汰。喔喔……野心家當然不會浪費這個理論作為其踐踏他人權利、推展其抱負的助力；於是種族歧視、優生學、基本生存空間、惡鬥有理等說法吵個沒完。此外，進化直接挑戰了聖經所說的「萬物皆神所創」，於是科學與宗教更是批判個沒完。

從馬爾薩斯到達爾文，從人口等比級數成長、人口爆炸、人口過剩，到歧視、優生、鬥爭等，人口到底會不會「爆炸」、「過剩」呢？一七六九年英國人瓦特 (James Watt) 改良蒸汽機之後，策動了改變人類歷史的工業革命，工業革命進一步帶動資金與技術革新，亦讓醫療衛生產生巨大的改善。於是，人類的壽命延長，嬰兒死亡率迅速下降，致使全球人口快速飆升，因此處在這樣時代下的馬爾薩斯和達爾文，當然會開始深思人口暴增的問題。

今日，全球總人口已經突破了七十億，不過如果看看婦女的生育率，會發現自工業革命後，今日多數國家婦女的生育率只有一到二之間，依據GAPMINDER的資料，中華民國二〇一二年的婦女生育率為一・二六，美國、英國為一・九，日本、德國為一・四，法國、馬來西亞、緬甸則是二。

從圖表可以看得出來，婦女生育率與一個國家的貧富或是宗教信仰沒有太大的關連，例如富有的法國和發展中的緬甸，婦女生育率都是二；信仰伊斯蘭教的孟加拉和信仰天主教的阿根廷，婦女生育率都是二・二；即使像是印度的最大宗教印度教強烈地反對節育行為，今日的印度婦女生育率也僅有二・五；中國在實施一胎化政策之下，婦女生育率仍有一・六六；義大利、俄羅斯、西班牙等國家並未實施一胎化政策，結果婦女生育率卻只有一・五。

依據二〇一二年生育率與兒童死亡率統計圖（以下皆同，圖1），以世界各洲來看，非洲的婦女生育率最高，這是因為非洲的嬰兒死亡率最高，婦女必須以多生育來因應。若要幫助非洲降低人口壓力，絕不是放任其兒童感染各種疾病而死，反而是提高非洲各國衛生環境品質，其中最直接且有效的方法就是蓋廁所、蓋能夠洗澡的房子，光是這樣，就能夠杜絕大多數的傳染疾病。

若以國家來看，全世界生育率最高的是非洲的尼日，平均每名婦女生下七・四個嬰兒，生育率最低的國家則是中華民國，每名婦女生一・二六個嬰兒。

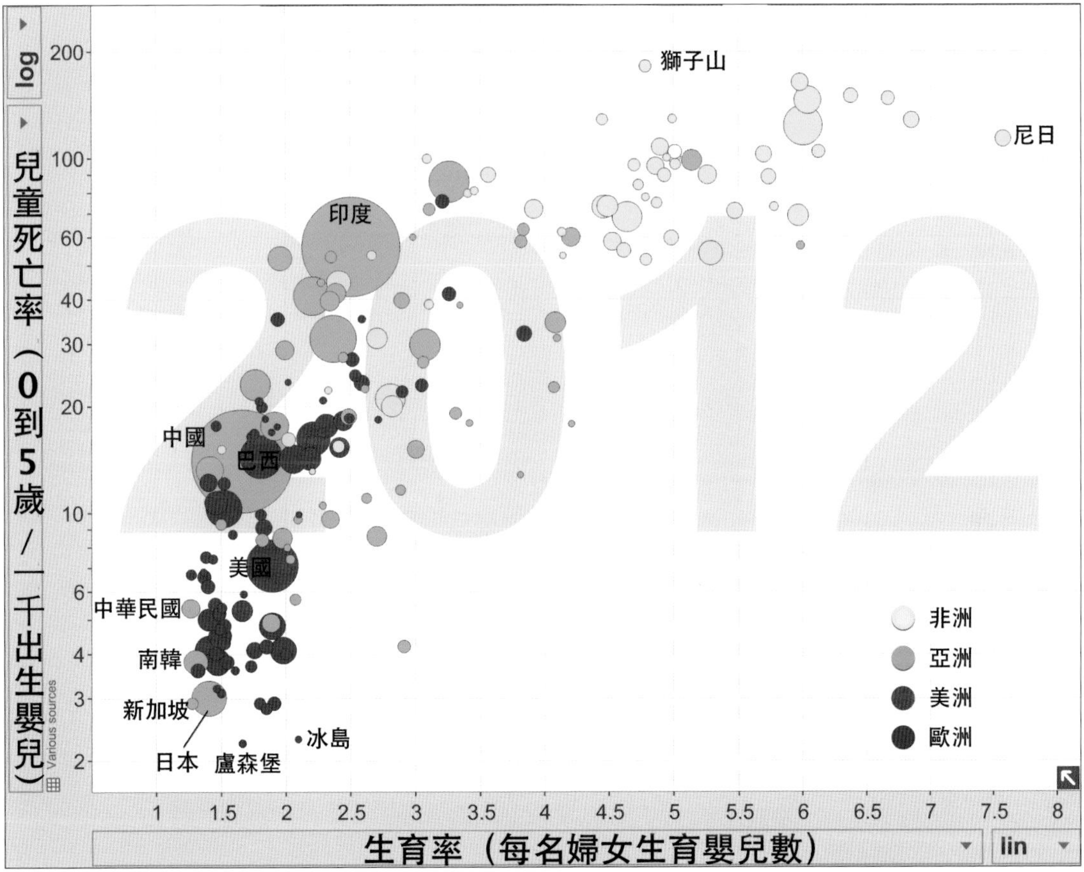

↑【圖 1】死亡率愈高，生育率也就愈高。非洲的生育率世界第一，最佳解決方案就是協助非洲地區改善衛生醫療環境和品質。一旦兒童死亡率降低了，生育率很自然會大幅降低，如其他國家和地區一樣。圖中圓圈大小代表該國總人口數高低。

與我們數據上接近的國家有一·二七的新加坡、一·三的南韓、一·四的日本，而中國則是一·六六。

兒童死亡率可以看出一個國家的衛生醫療環境，中華民國為每千人五·四名兒童死亡，比世界第一名的盧森堡的二·二要來得差，但和美國的七·一相較，我們還贏過不少。

未來全世界的生育率將會徘徊在二左右，意味著生兩個小孩替代父母兩人，大致可以做到百分之百的人口替代率。那麼，為什麼世界的人口總數還是急速地上升呢？有人認為是老人壽命的延長，但事實上延長得很慢很慢，而且再怎麼延長，終究還是會死，所以關鍵不在老人。

觀察人口年齡結構的百分比，零到十四歲的幼年人口占了二七%，十五到六十四歲的青壯人口更是高達六五%，而六十五歲以上的老年人口則僅占八%。八%的老人約有五億六千萬人，四十年後應該都已安息了，但二七%的幼年人口數接近二十億人，也就是說這個世界每十五年會再新增約二十億人口，離開人世的人少，新生到世間的人多，當然世界的人口總數會不斷增加。但世界人口不會無止盡地增加，到了本世紀末二一〇〇年的時候，世界人口將會達到約一百一十億，而今日的二十億幼年人口亦抵達人生的最後階段，因此總人口即會進入穩定平衡狀態（圖2）。

或許有人不禁要問，世界能養得活一百一十億人嗎？這期間不會發生戰爭嗎？關於前一個問題，可以肯定地說絕對養得起，人類的技術研發能力絕對值得信賴，只是養不養得好的問題。後一個問題就難以預料了，或許我們應該相信在

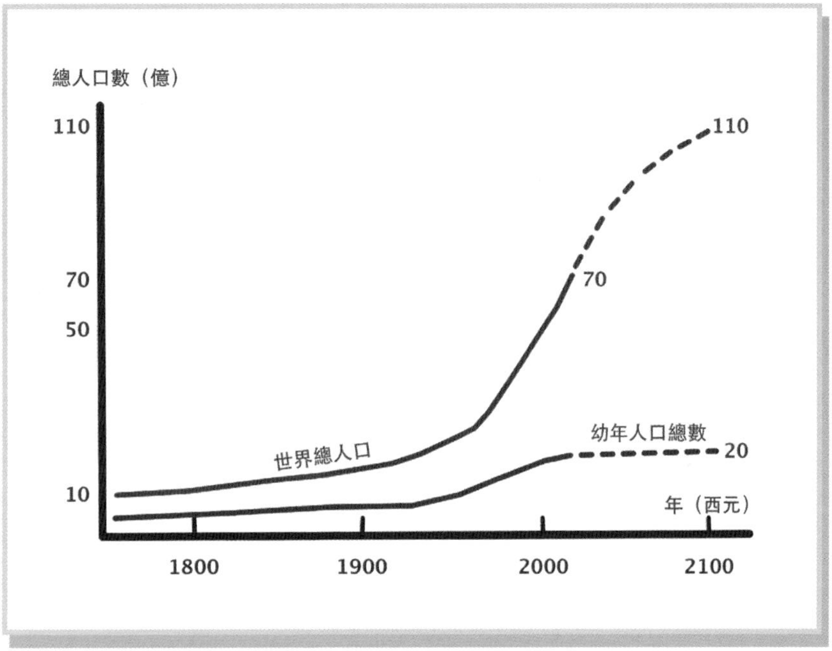

↑【圖 2】本世紀末，全世界的人口有望達成零成長的穩定狀態，主因在於幼年人口的長期零成長。

訊息傳遞快速的今日及未來，隻手遮天將變得愈來愈難，個人與群體的溝通管道將愈來越便利，雖然未必會增加群體的智慧，但杜絕了無知，或許就有機會避免盲目的暴力了吧！

總而言之，不管是信仰什麼宗教的國家，不管是已開發還是開發中國家，不管社會形態多麼不同的國家，世界上絕大多數的國家與國民都明白而且有能力處理婦女生育的問題。而醫療衛生條件不好的貧窮國家，嬰兒死亡率必然很高，為了彌補損失，生育率也隨之居高不下，所以顯而易見的是，世界上的富有國家應該多幫助這些醫療衛生條件不好的窮國，唯有降低嬰兒死亡率，方能引導達成降低生育率的目的。

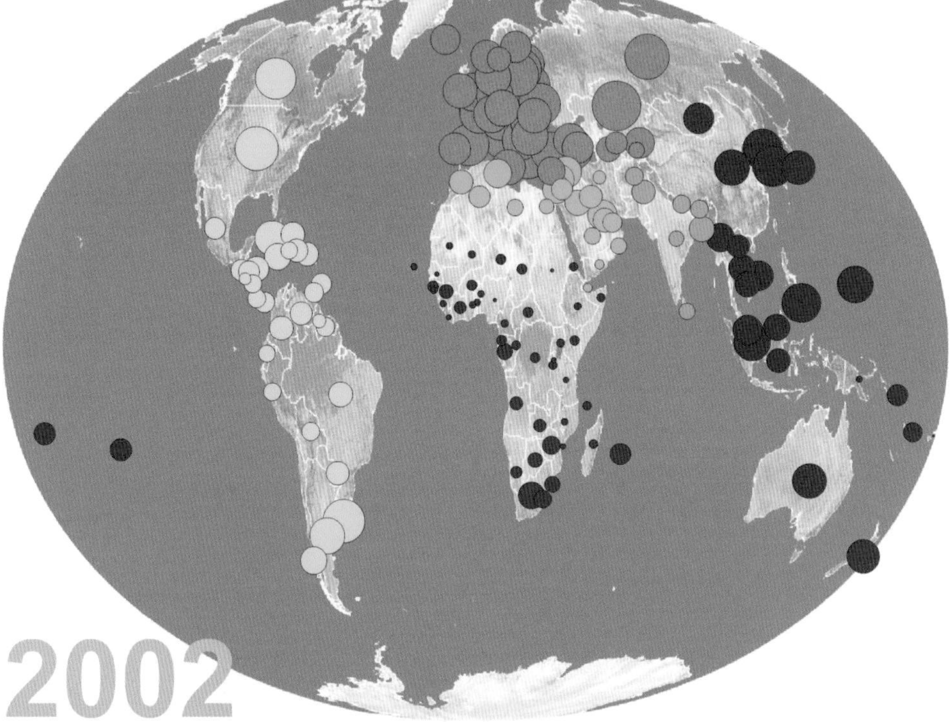

←↑【圖 1】收入少的非洲國家，吸菸量也就少，肺癌的罹患率顯著偏低。歐美高收入國家則反之。圖中圓圈顏色代表所在區域，後圖 2 至圖 5 均比照此圖。

⊕ 肺癌

癌症是現代人最恐懼的疾病，全世界癌症發病率以肺癌高居榜首，其次是胃癌、結直腸癌、前列腺癌、口咽癌、肝癌、食道癌、膀胱癌。臺灣的情形則略有不同，我國的癌症排名分別是肺癌、肝癌、結直腸癌、口腔癌等，而不論是世界還是我國，肺癌都是頭號殺手。

從肺癌的分布圖來看，罹癌人數較少的地區主要分布在西非、中非、印度德干高原；中美洲的海地、薩爾瓦多；南美的厄瓜多、祕魯等。這些地區的共同處就是國民所得較低，所能拿來買菸的錢就不是太多，吸菸量當然就少了很多。

以全世界最窮的國家剛果民主共和國為例，二〇一二年的平均每人國內生

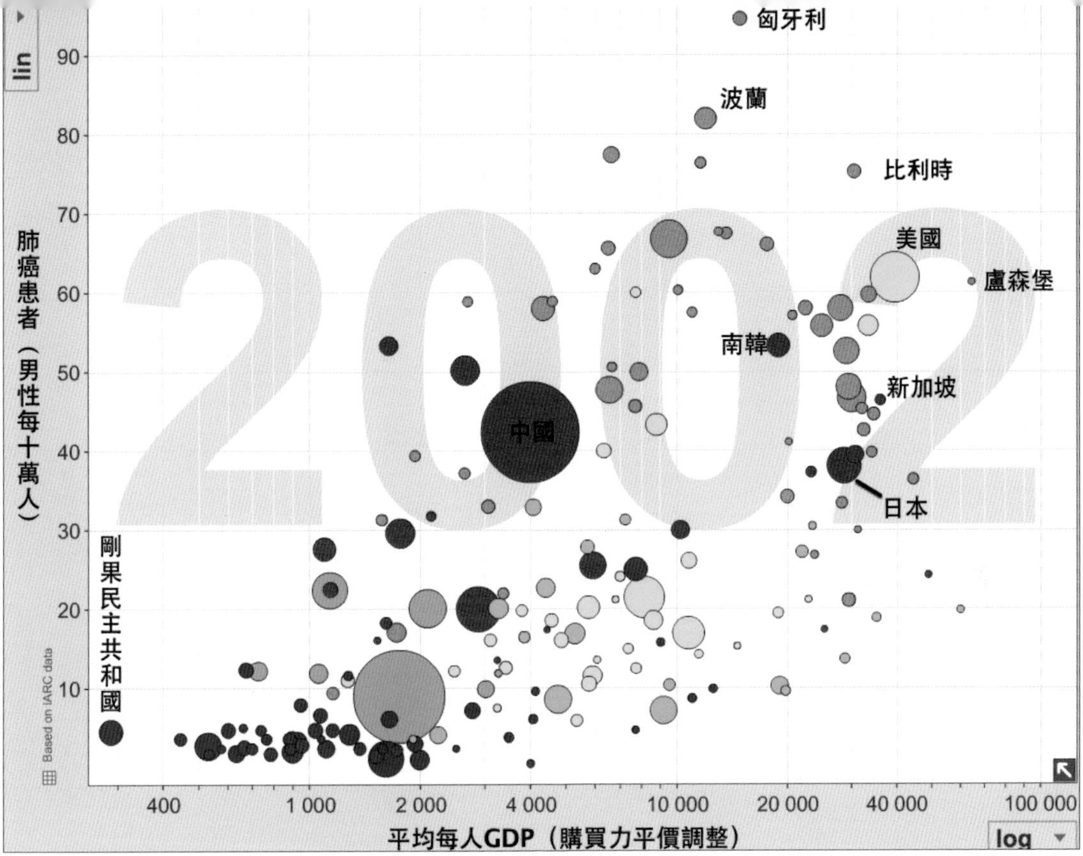

產毛額（購買力平價調整，以下同）僅有四〇三美元，而每十萬男性得肺癌人數在剛果民主共和國僅有四・五人。相對於全世界第二富有的國家、平均每人國內生產毛額高達六萬四千四百二十一美元的盧森堡，男性每十萬人得肺癌的人數高達六十一人，其他較富有的國家如美國有六十二人，比利時有七十五人，而匈牙利最誇張，有九十五人，高居世界第一位（圖1）。

看看我們自己及鄰近國家的情形，肺癌在臺灣也是高居癌症死因第一名，男性十萬人得肺癌的人數有四十六人，中國則有四十二人，日本是三十八人，南韓較多，有五十三人。

通常男性每十萬人得肺癌人數是女性的數倍，但是在男女吸菸比率相近的國家，統計數字會明顯不同（圖2）。例如冰島不論男女每十萬人得肺癌人數都是三十人，男女比率相當。而美國是男比

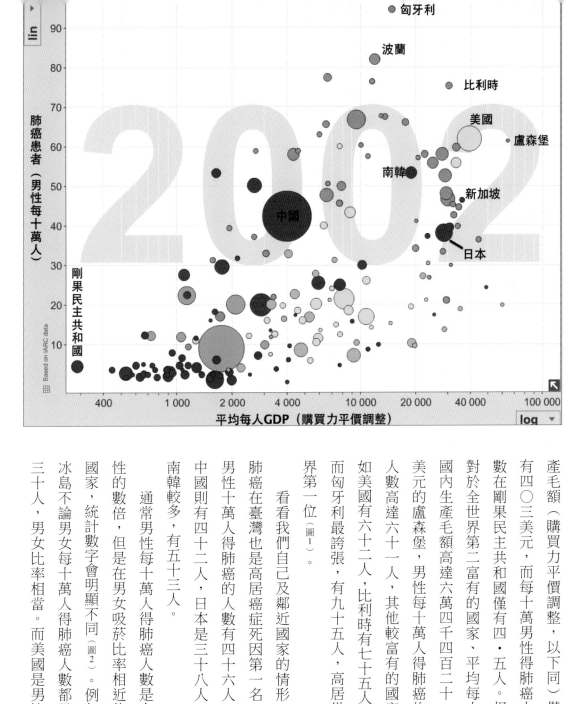

女為一・七倍，臺灣是兩倍，日本是三・一倍（日本女性吸菸的比率不像美國、臺灣這麼高），越南是四・一倍，摩洛哥是十倍。

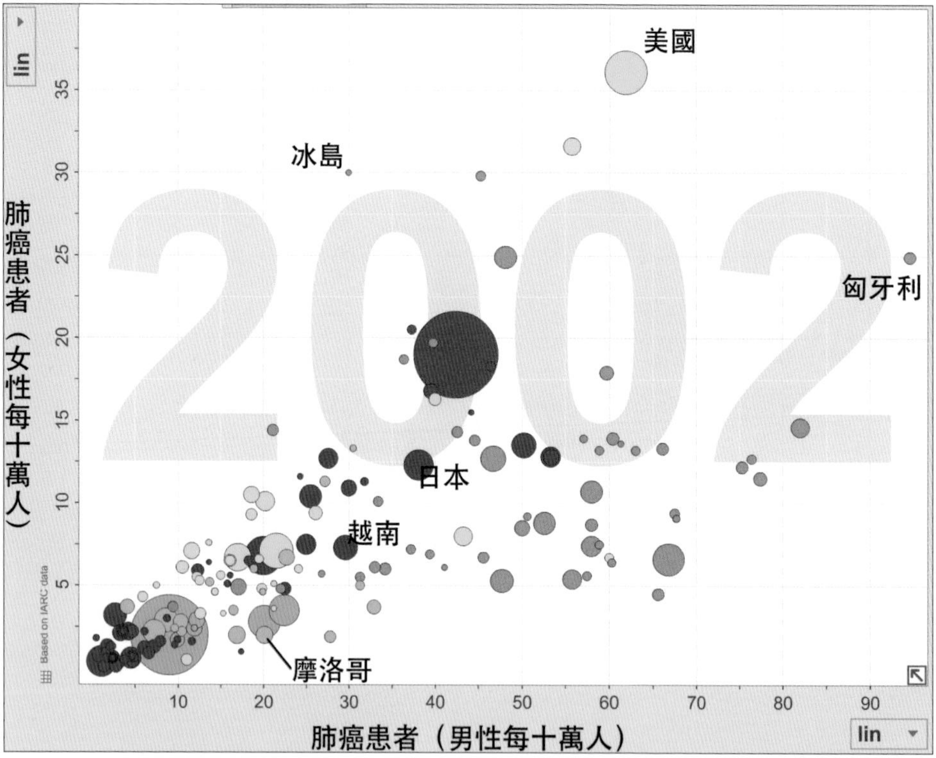

↑【圖 2】冰島地處高緯，作家密度極高，菸槍似乎男女不分，因而冰島的肺癌男女患者比率是一比一。

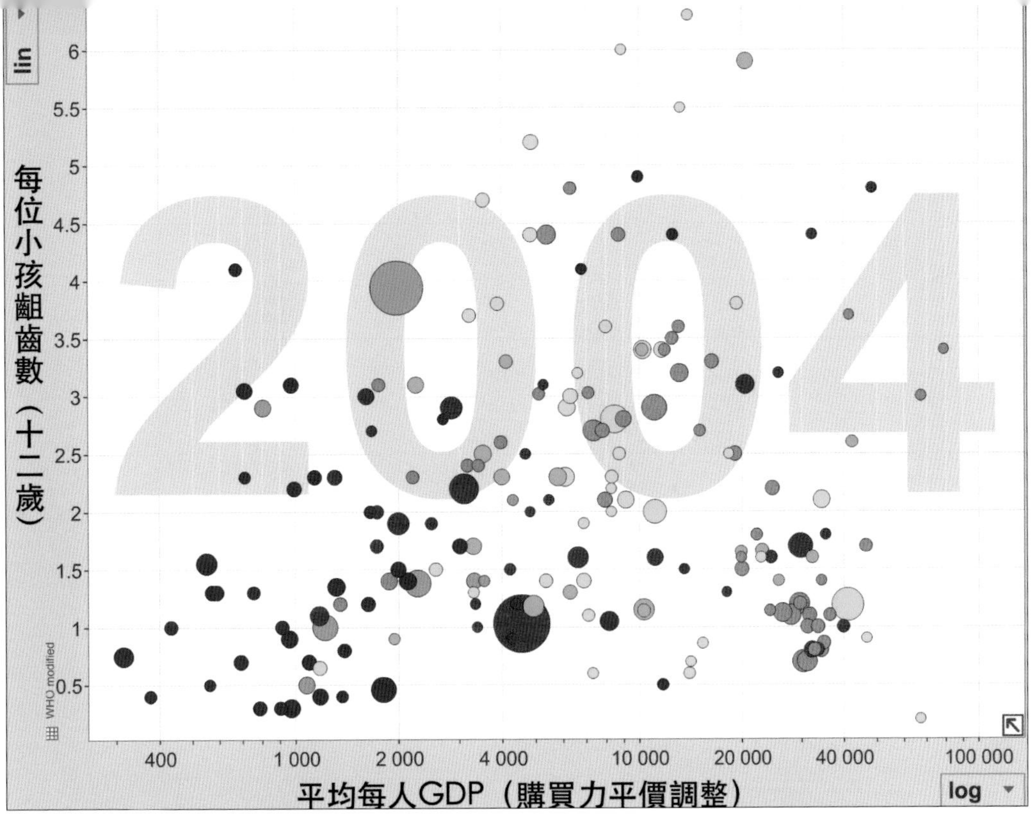

↑【圖 3】圖中小孩齟齒數較超過三的國家中，多介於 GDP 二千至一萬美元之間，顯示中等收入國家蛀牙的情形比較嚴重，這個趨勢和胃癌趨勢相當符合。

⊕ 胃癌

所有癌症中，每十萬人罹癌人數以胃癌排名第二。從胃癌人數和平均每人國內生產毛額的統計圖來看，中等所得國家的胃癌發生率最嚴重，低所得和高所得的國家明顯較低（圖3）。這個統計趨勢和口腔衛生與平均每人國內生產毛額的統計圖趨勢相當一致。牙齒不好是導致腸胃不好的重要原因之一，蛀牙很多的人口腔很難保持衛生，大量細菌伴隨食物進入腸胃，很容易導致腹瀉。所以經常腹瀉又找不出原因的朋友，或許該注意口腔方面的問題了。

南韓是每十萬人罹患胃癌人數的第一名，第二名則是日本，而且這兩個國家在統計圖上非常偏離趨勢（圖4），這是什麼原因呢？或許可以參考一下芬蘭，一九五三年芬蘭男性每十萬人患胃癌的人數是六十九人，而芬蘭人的傳統食物

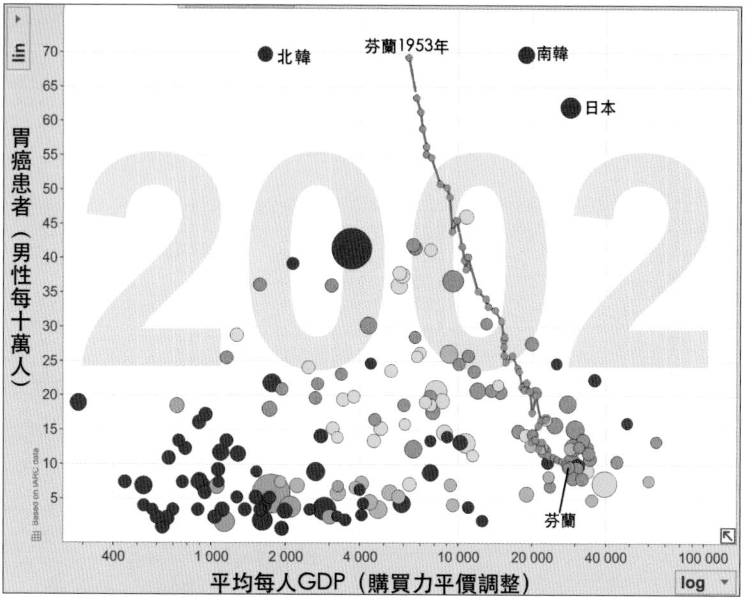

→【圖 4】中等收入國家胃癌的罹患率偏高。芬蘭藉由飲食調整，快速降低胃癌罹患率，堪為借鏡。

不但高油脂而且非常重鹹，因而心血管疾病罹患率非常高。經過多年改善飲食習慣，芬蘭心血管疾病罹患率大幅下降，無意中發現胃癌的比率也大幅下滑，到了二〇〇二年，男性每十萬人罹患胃癌的人數已降到九・六人，非常驚人！過鹹、過辣都會對腸胃造成負擔，看看非洲胃癌患者數極低的地區，他們的食物清淡、高纖（粗糙）的特色，或許可提供思考。

日本每十萬人患胃癌的人數雖然很高，但是對照過去的歷史，因胃癌而死亡的患者卻大幅度下降，這歸功於發明全世界第一臺軟式胃鏡的宇治達郎。在軟式胃鏡未發明之前，胃癌根本無法早期發現、早期治療，等到手術切開胃壁時，都已是末期。軟式胃鏡的發明大大提供了診查的便利性，如今，早期發現的胃癌，高達九五％以上可以治癒。

⊕ 結直腸癌

位居癌症排行榜第三位的是結直腸癌（又稱大腸癌），從結直腸癌人數和平均每人國內生產毛額的統計圖來看（圖5），幾乎可以說結直腸癌和生活方式、飲食習慣緊密相關。

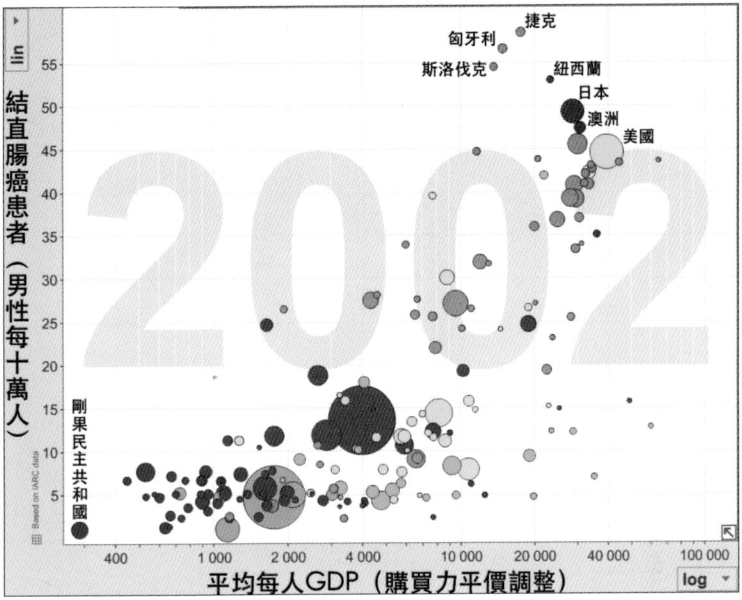

➔【圖 5】結直腸癌與生活方式、飲食習慣緊密相關。圖中圓圈大小代表該國總人口數。

平均每人國內生產毛額愈高，結直腸癌的罹患率就愈高。以紐西蘭、澳洲、日本的罹患率最高，歐洲則是普遍偏高，其中捷克、匈牙利、斯洛伐克三個國家的罹患率特別顯著。

為什麼捷克、匈牙利、斯洛伐克罹患率較其他國來得高呢？多數的癌症都是男性遠遠多於女性，但是結直腸癌男性與女性罹患率卻差距不大，這是因為男女在同一個區域，甚至同一個屋簷下，吃一樣的飲食、喝一樣的水，若是有環境上的致癌因子，那麼大家都是一樣的處境。此三國在地理位置上緊密相連，分屬兩個水系，捷克屬於易北河上游，匈牙利、斯洛伐克屬於多瑙河上游，兩條河川都是發源自巴伐利亞高原，所以當地科學家經過多年追蹤研究後，認為應該是飲食與飲用水所造成，但是到底是什麼樣的汙染，目前還是無法定論。

⊕ 前列腺癌

美國大概是對前列腺癌最感冒的國家，因為美國是每十萬人罹患前列腺癌人數最多的國家，而且比第二名的紐西蘭還多了二四%，其他名列前茅的國家包括波多黎各、巴貝多、瑞典、芬蘭等國（圖6）。這些國家都有一個特徵

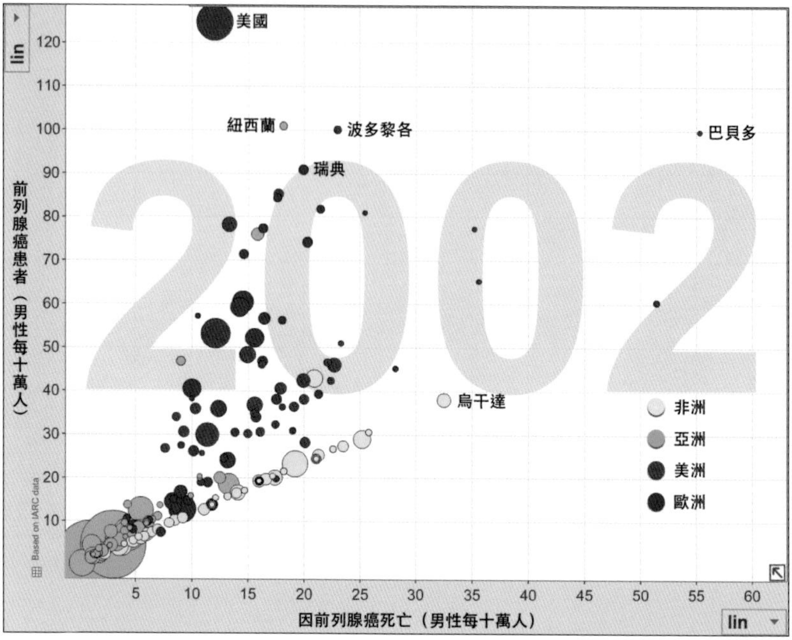

→【圖 6】每十萬人罹前列腺癌較高的多為白種人國家。圖中圓圈大小代表該國總人口數。

都——是白種人，而且大多屬於盎格魯薩克遜人，非洲的黑人與亞洲的黃種人在前列腺癌的罹患率上則相對低了很多。因此，目前一般認為前列腺癌應該與人種、基因有關。

雖然美國前列腺癌的罹患率很高，但因現代醫療的幫助，前列腺癌的死亡率並不算高，不過對於前列腺癌的非侵入式檢測方法尚未被發展出來，導致癌症早期檢出較為困難，致使美國的前列腺癌致死率無法有效降低。而醫療條件比不上美國的巴貝多，每十萬人前列腺癌死亡人數因此成為全世界最高。

非洲的前列腺癌罹患率並不高，但在罹癌人數與罹癌死亡的統計圖上，呈現出極為明顯的一直線，表示在非洲被診斷罹患前列腺癌之後，由於缺乏適當的醫療，很少人能夠躲過死亡的威脅。

05 鳥瞰臺灣教育

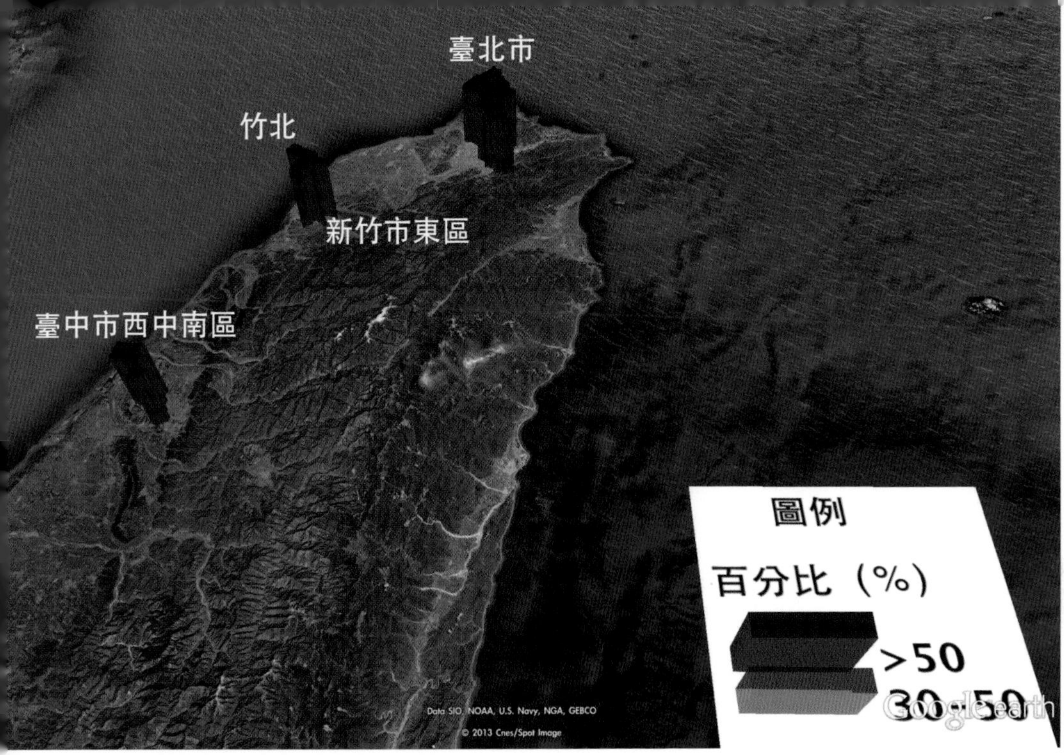

↑【圖 1】臺北市除了南港、萬華、大同三區以外，大多屬於大專以上人口比率大於五〇%以上的地區，這與大量大專院校座落於臺北市有關。同理，竹北、新竹市東區、臺中市西、中、南區也都擁有高密度的大專院校。

三十年前在學校念書的時候，常聽到我們國家的教育普及率幾乎是百分之百，所以對於臺灣幾無文盲一事深信不疑。直到當兵時，部隊裡的弟兄來自全臺各地，不僅什麼樣的人都有，居然什麼樣的學歷也都有，這是筆者年輕時對教育環境的第一次震撼。身為排長，筆者利用莒光日，讓小學畢業的人教不識字的人學寫字，令高中畢業的人教國中小畢業的人學ABC。反正還不能退伍，就利用時間多學點東西吧！回憶起當時的莒光日，有人在「ㄅㄆㄇㄈ」，有人在"This is a book."，好不熱鬧。

時至今日，臺灣的教育環境又是如何呢？將大專以上人口比率的統計資料分成六個組距，分別繪製在衛星影像上，整體來看會發現，北、中、南三大都會區與東部的花蓮，教育水準較高，隨著都市等級的下降，教育水準也明顯地跟著下降，城鄉差距相當明顯（圖1）。

大專以上人口比率最高級距（大於五〇％），分別是臺北市的多數區域、竹北、新竹市東區，以及臺中市的中區、西區、南區，臺中以南就不再有第一組距了。所以即使是大都會，也呈現著教育水準上的差距。而臺北市內部也有區域上的差距，南港區、大同區和萬華區雖然在臺北市內，大專以上人口比率

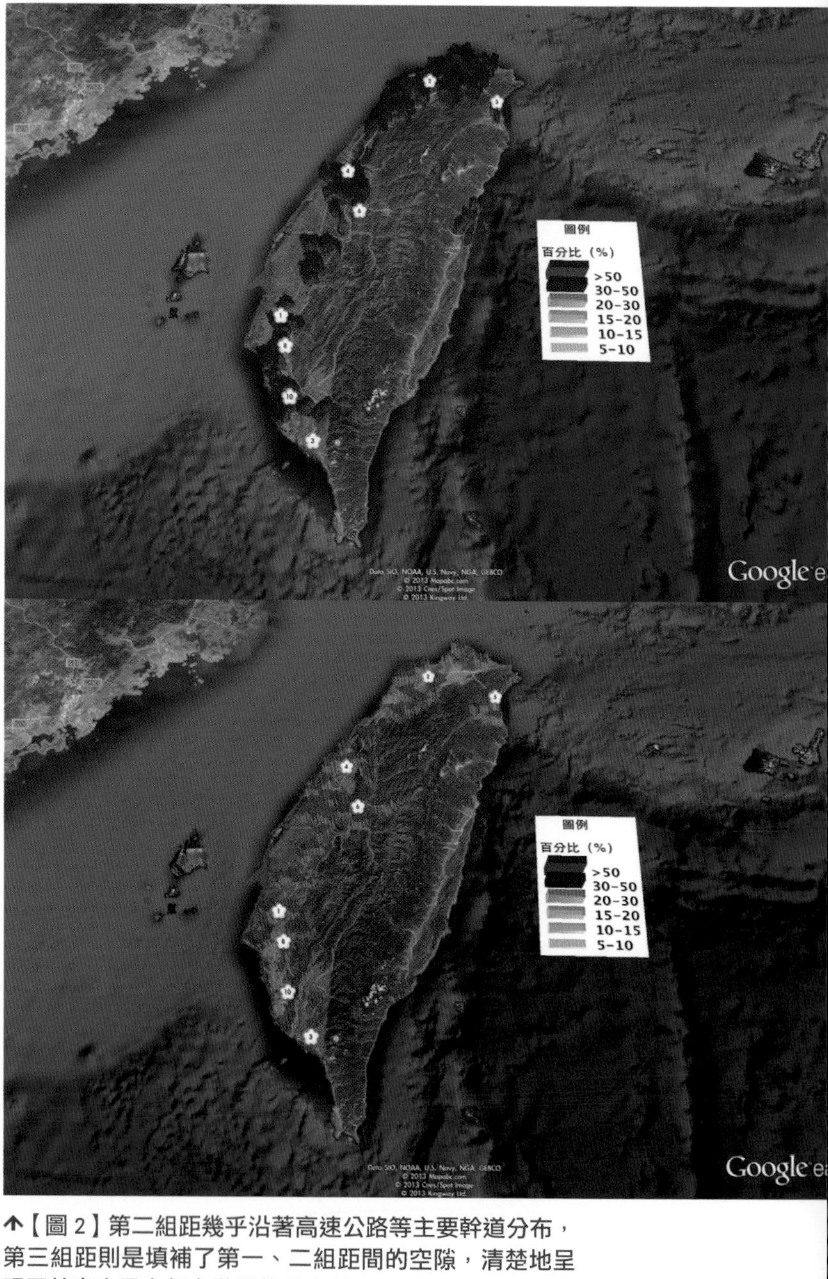

↑【圖 2】第二組距幾乎沿著高速公路等主要幹道分布，第三組距則是填補了第一、二組距間的空隙，清楚地呈現了教育也具有都市階層的分布差異。

卻屬於第二組距（三〇～五〇%）。至於新竹市東區為何教育水準如此之高，明顯是因為清華大學、交通大學，以及新竹科學工業園區的緣故。另外臺中的西屯區有東海大學、逢甲大學中科校區、文化大學教育中心、僑光科技大學的設置，西區有臺中教育大學進修推廣部，而南區則有中興大學和中山醫學大學，這都使得此三區成為臺灣少數大專以上人口比率超過五〇%以上的地區。

接著看看第二組距的分布情形（圖2），其明顯地沿著高速公路和主要交通幹道分布，但是分布並不連接。第二組距區塊與區塊間有許多「間隙」，而第三組距（二〇～三〇%）的分布特色就是填補了這些間隙，或者也可以說第三組距是從第二組距向外擴散而來的。簡單地說，教育水準與大學數量多寡有關，而且城鄉差距頗為明顯。

直接跳到第六個組距，也就是大專以上人口比率最低的區域（圖3）。一眼望去，分布區域的特色就是中部沿海、山區和花東偏遠區，這些地區有何共同特色呢？第一、這些區域與其他大都市的時間距離都偏長；第二、這些地區的平均收入都偏低。

其實平均收入偏低和時間距離偏長是緊密相關的，一個地方到達其他區域的時間距離長，意味著交通條件較差，很難吸引外地投資進入。當商業活動稀少時，就業機會也會少，那麼地價、房價、租金都不會太高，當地居民的收入當然難以改善。而家庭收入偏低，投入在教育方面的資金必然有限，教育水平也就難以提升。例如彰化縣的大城鄉，是全臺灣唯一不識字率高達三〇～四〇%的區域。全鄉擁有十三處以「寮」為地名的村莊，包括菜寮、魚寮、竹寮、甘苦寮等，光從

↑ ↓【圖 3】大專以上人口比率最低的地區，其共同特徵之一就是居民的經濟屬於弱勢。而其中最弱勢的地區，也是全臺灣唯一不識字率超過三〇％的地區，位於彰化縣大城鄉。

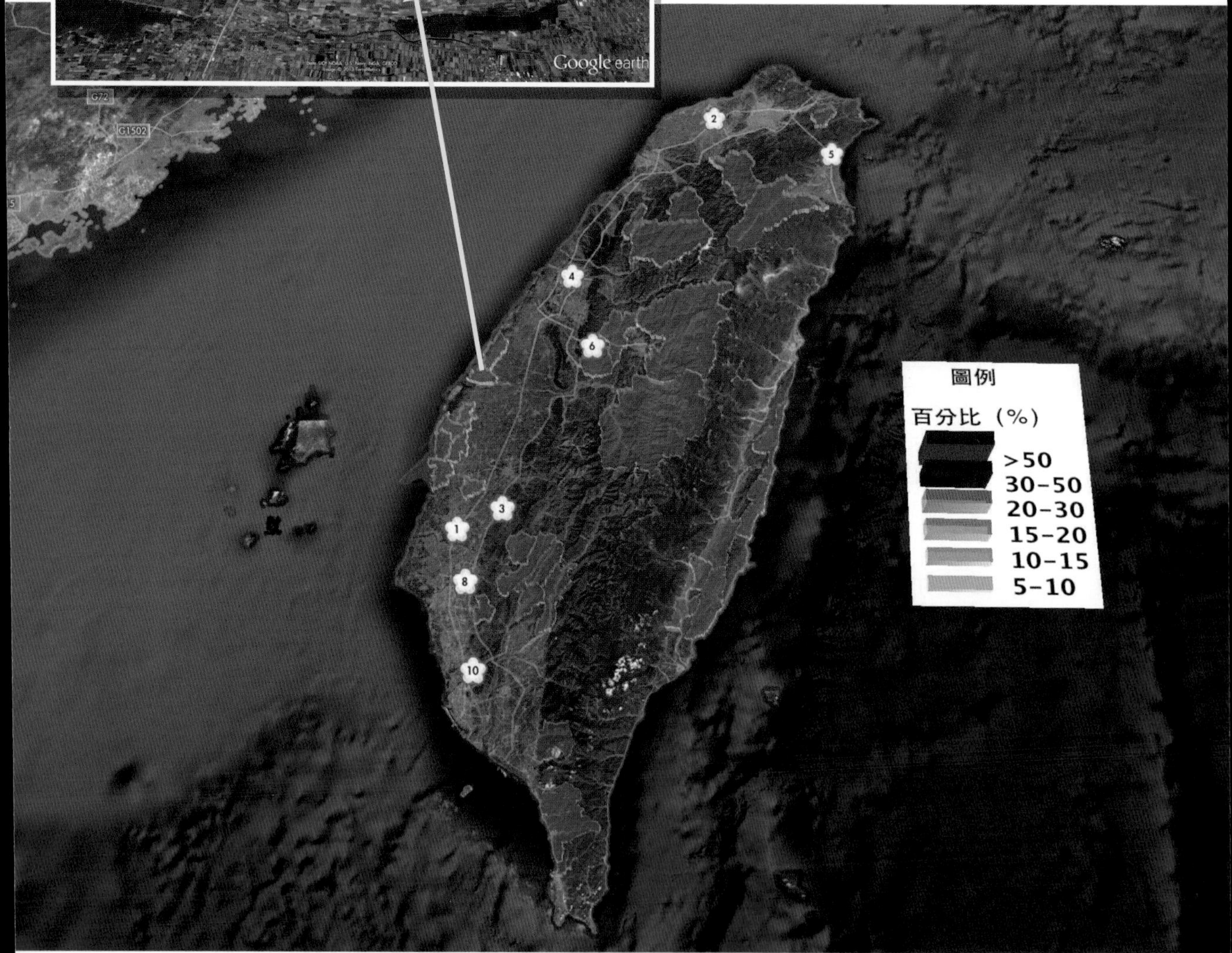

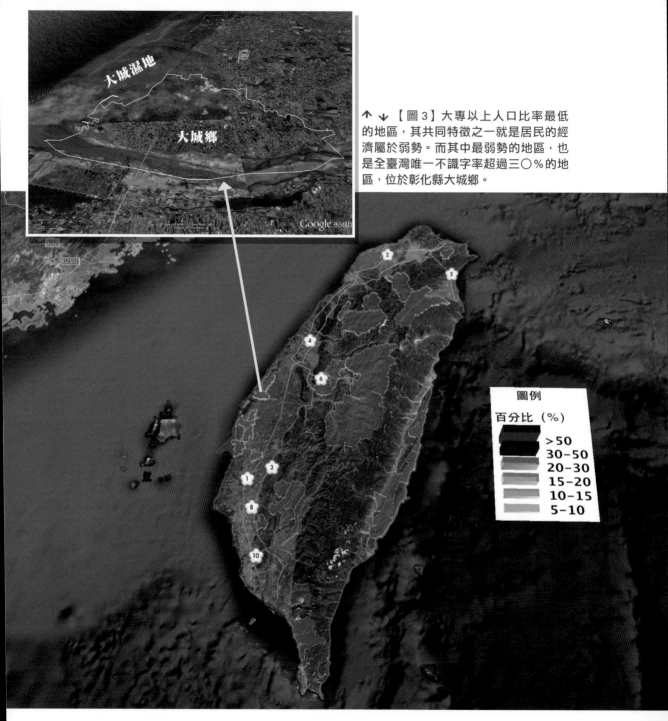

地名就可以感覺到，此地居民過去多以農業及水產養殖為主。到了今日，雖然有西濱公路通過，交通條件不斷提升改善，但是由於時間距離仍相對較長，缺乏工業與商業活動，居民的經濟條件自然難有大幅提升的機會。

⊕美國留學

筆者屬於五年級生，如果用西元的說法，就是六〇後的那一群。筆者讀高中時，學生間流行一句順口溜：「來來來，來臺大；去去去，去美國。」那個年代的主流思維之一，就是想盡辦法去美國留學深造，這些舉動造就了今日臺灣職場上許多菁英分子。隨著國內的教育環境改變，大學數量變多，升學變得比較容易的時空下，許多學生的選項也就多元了不少，可以到歐美、紐澳、中國繼續學業，也可以更容易地就讀國內的大學。

中國大陸自從一九七八年改革開放以後，經濟實力日益強大，中國海外留學生數量也就突然高升，這時候會很直覺地感受到海外的留學生幾乎都是中國留學生的天下，難道現在臺灣的孩子都不願意出國了，是這樣嗎？以美國境內的海外留學生為例，前半句是正確的，後半句則稍微誇張了些。

從統計地圖上可以清楚地看到（圖4），中國的留學生數量真是突然暴增，但同時臺灣的留學生數量也是隨著時間而增長的，唯在數量上確實沒有大量增加，而有逐年衰減的趨勢，對此年輕人確實要更加體認到國際間的競爭壓力才行。

輿論常喜歡用草莓族來形容現在的年輕人，不管是用草莓族還是水蜜桃族，

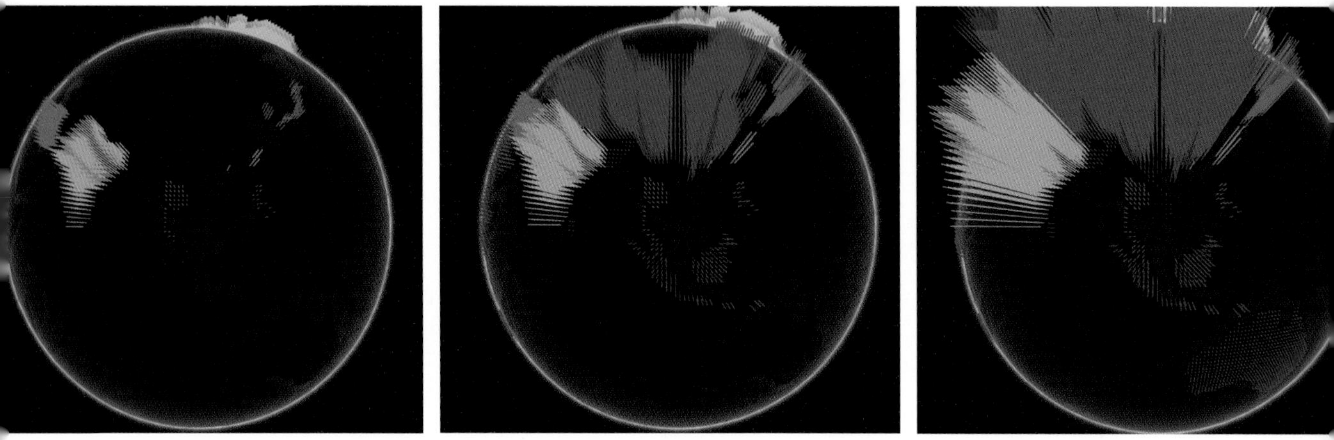

↑【圖 4】三張地圖表示出美國的國際學生來源地之學生數累加總量，由左到右分別是一九七〇年、一九九〇年與二〇一〇年。一九七〇年中國尚未改革開放，所以基本上是掛零，而印度的留美學生在亞洲的總量最大。到了一九九〇年，中國不過改革開放十二年，留美學生的數量就已經成長驚人，到了二〇一〇年，總量更是其他世界各國望塵莫及。仔細瞧瞧中華民國，從一九七〇年到二〇一〇年，留美學生的總量大致穩定增加，不過也有隱憂，根據二〇一三年的統計，中華民國留美學生連續六年遞減，但還是世界第六。換個角度說，臺灣的年輕人沒這麼糟，但要繼續加油才行。

其實都是存有偏見的，任何一世代都有抗壓性較差的一群，不會是某一個世代的人「全部」是草莓。有趣的是，草莓族一詞最早是用來形容六年級生，現在六年級生也都四十歲了，這詞又被繼續拿來形容七年級生，實在有點學長欺負學弟、前輩欺負晚輩的氛圍在裡面。

⊕ 距離知多少

人類對於距離的敘述與感受，會隨著交通方式的改變而跟著改變，例如李白說：「朝辭白帝彩雲間，千里江陵一日還。」又如白居易寫：「相去幸非遠，走馬一日程。」好長一段時期，人們對距離的描述多化為走路、騎馬、乘船多久可以抵達。如此很具象化卻不精準，直到華里、公里等距離公制出現，才有了可以精準描述距離的用詞。這種屬於空間距離的描述，或許會變但實際空間距離幾乎不變。

過去空間距離的大小，就等於運費的多寡，也就等於利潤的高低，所以空間距離攸關重要，現在科技快速進步，不但產品輕薄短小，運輸技術也不斷更新，所以運輸成本逐漸微不足道，連帶影響空間距離不再是關鍵，時間距離才是核心考量。例如，臺北到高雄和埔里，哪一個比較快？在今日來說，當然是高雄，因為高鐵一個半小時可以抵達高雄，開車去埔里卻要三個小時，所以就空間距離來說，高雄比較遠；就時間距離來說，埔里反而比較遠。

未來E化教學若是愈來愈成熟而興盛，那麼影響教學差距的關鍵性因素，恐怕會是頻寬的大小所造成的影音下載時間了。試想打開YouTube觀看教學影片，若因頻寬不足造成傳輸斷斷續續，必然影響網路教學資源的利用率，也就導致了區域間的教學差異化。或許，不論是工商業發展或是教育深化，「網路距離」都將逐漸成為核心關鍵。

IV 世界之最

↑【圖 1】全世界海拔最高的機場。

最危險的機場

攀登聖母峰 (Mount Everest) 是許多登山者終生的夢想，然而攀登聖母峰不是一件容易的事，首先要有很好的毅力和體力，還要至少預留一年以上的空閒時間，接著要準備一筆不小的經費（大約一百萬臺幣），最後還要有很好的運氣。不僅是登上聖母峰需要有好運遇到好天氣，而是一開始從尼泊爾首都加德滿都 (Kathmandu) 搭飛機到聖母峰的起點村莊——盧卡拉 (Lukla)，就需要有很好的運氣才行。

搭飛機為何需要好運呢？那得先瞭解一下這個世界海拔最高的盧卡拉機場（圖 1）。盧卡拉機場位在海拔二千八百六十公尺的半山腰上，跑道更是只有四百七十五公尺「短」（桃園機

↑【圖2】
谷風是飛機降落時的一大威脅。

場跑道有三千六百公尺）。每天平均會有三十架次載客十九人座的小型飛機在這裡降落，由於跑道太短，所以改以傾斜向上一八・五度的方式，讓飛機得以縮短滑行距離。跑道的盡頭是山壁，如果太晚降落，飛機滑行過頭會撞山；而跑道的另一端是峭壁，如果太早降落也會撞山，太早、太晚降落都不行。更恐怖的是，一旦決定降落，就不可以後悔，因為機場周遭的地形是無法重來的，飛機駕駛一定要精準完美地降落。

這裡屬於世界最高大的喜馬拉雅山脈區域，所以除了地形與跑道限制之外，還有氣候因素的挑戰。接近盧卡拉時，眼前的山嶺全部超過三千公尺，山頂與山谷的高度差經常接近一千公尺，山高谷深的地形會使得白天山頂得到太陽的日照時數較多，而山谷獲得的日照時數較短。如此一來，白天山頂氣溫快速上升，山谷則緩慢升溫，於是山谷裡較冷，空氣密度較大，氣壓也就比山頂要來得稍高。大自然的現象告訴我們，空氣會從高壓向低壓流動，也就是說，在白天時風會從山谷吹向山頂，這種風一般稱為谷風（圖2）。

谷風對於位在山腰上的盧卡拉機場來說非常危險，要降落在盧卡拉機場跑道的飛機，著陸在跑道的一端是峭壁，峭壁之下就是七百公尺深的山谷（臺北一〇一大樓高五百〇九公尺），當重量不太重的小型飛機要降落在跑道頭的時候，若是突然一陣較強大的谷風吹上來，把飛機往上一托，導致著陸太晚，飛機就無法有足夠長的跑道來滑行；若要重飛，前方就是巨大山壁，嗯……那就肯定悲劇了。

當山谷風吹向山頂時，冷、暖空氣必然對流碰觸，暖空氣中的水汽碰到冷空氣，會很快凝結成山嵐，山嵐不斷像沸騰的開水，一坨一坨地向山上奔騰，對盧卡拉機場塔臺來說非常頭痛，前一小時機場向加德滿都報告天氣晴朗、能見度佳，等到飛機抵達要降落時，可能已轉變成山嵐籠罩，能見度極差。二〇〇八年就發生了一件能見度不佳而飛行員執意降落，導致飛機著陸太早撞毀在山壁上的事故，全機除了駕駛重傷外，乘客全數罹難。飛到盧卡拉機場的飛機都是在黎明起飛，盡可能在早上完成所有的班次起降，因為清晨是最低溫的時候，空氣穩定、能見度佳，是一天中最安全的飛行時間。

⊕ 最長的懸索橋

懸索橋又稱為吊橋，最早在西元前三世紀時由中國人發明，工業革命之後西方國家一直保有這項工程的領先地位，直到一九九八年日本打造了一座全世界最長的懸索橋——明石海峽大橋（圖3），技術領先全世界。明石海峽大橋總長原為三千九百一十公尺，沒想到碰上了阪神大地震，使得南岸的岸墩和錨錠裝置發生了輕微位移，因此長度增加了一公尺。建造好的明石海峽大橋可以連通神戶和淡路島，減少搭乘渡輪的不便、耗時與風險，同時也能增加四國地區的經濟發展。

世界第二長的懸索橋是位在中國舟山島的西堠門大橋（圖4），二〇〇七年十二月完工，吊橋部分跨越一千六百五十公尺，若加上其他部分橋段，橋梁總長度達到五・三公里。單就懸索橋來說，第一名比第二名足足長了二・四倍，看來明石海峽大橋世界第一的稱號，還會持續好一段時間。

↑【圖 3】明石海峽大橋。

↑【圖 4】西堠門大橋。

↑【圖 5】大斯特拉霍夫體育場。

↑【圖 6】印第安納波利斯賽車場。

最大的運動場

捷克首都布拉格(Prague)是人口一百一十八萬人的歷史名城，恰巧位在柏林(Berlin)與維也納(Vienna)兩個首都中間，同時也處於歐洲大陸的中點，歷史上發生過布拉格之春、天鵝絨革命等多次震動世界的事件。布拉格擁有世界最大的運動場——大斯特拉霍夫體育場（Great Strahov Stadium，圖5），位在布拉格西側的小山丘上，可以容納二十五萬人，比起臺北小巨蛋旁邊的臺北田徑場，大斯特拉霍夫體育場的容量足足大了一二・五倍，場中的面積可以容納九個足球場，若是同時舉行足球競賽，那觀眾可有得忙了。

若是問世界上最大的「運動設施」稱號，那就屬於位在美國的印第安納波利斯賽車場（Indianapolis Motor Speedway，圖6），光是固定座位就可以容納二十五萬七千三百二十五人，若是再加上內場容量，總共可以納入近四十萬人，就算請基隆市三十七萬市民全部進場觀看賽事，都無法將場地填滿。

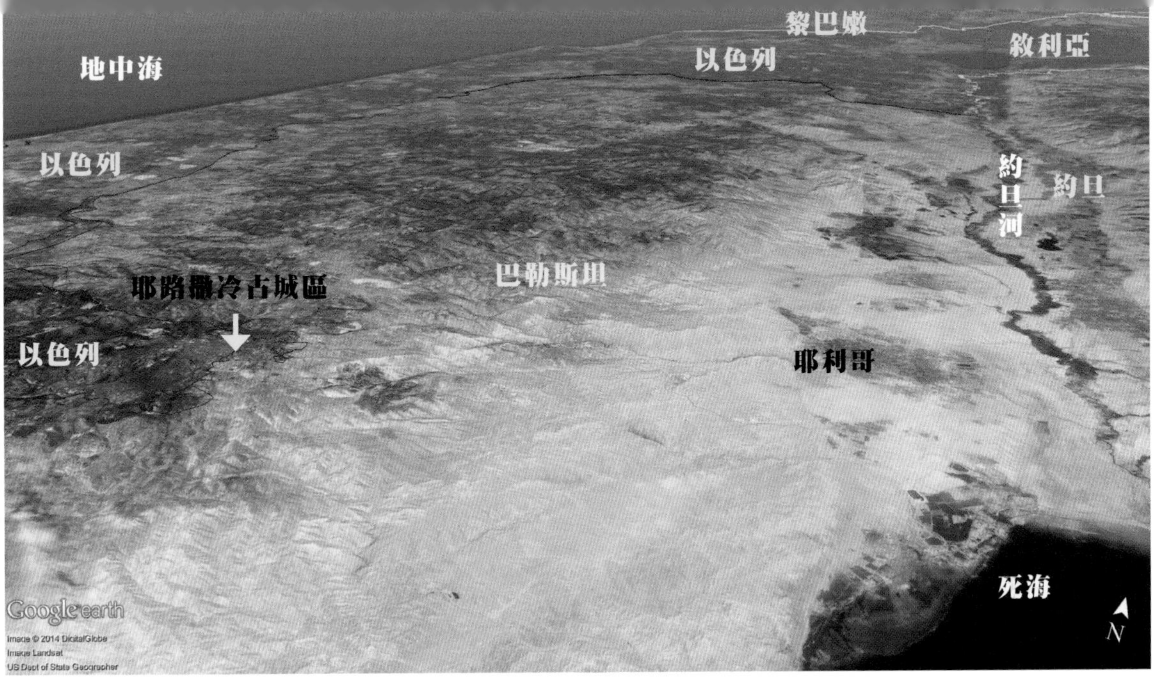

↑【圖 7】耶利哥。

最古老且仍有居民的城市

這個世界上最屹立不搖的城市，當屬位在今日巴勒斯坦的耶利哥 (Jericho) 市。經過考古學家不斷發掘，發現耶利哥擁有二十多個連續的定居點遺跡，其中最遠的甚至可以追溯到一萬一千年前，也就是西元前九千年前。對比一下戰國時期相當於兩千五百年前，就可以體會一萬一千年前是多麼久遠的時間。

耶利哥鄰近世界知名的聖城耶路撒冷 (Jerusalem)，直線距離僅有二十公里（圖7），而耶路撒冷不斷受到戰火摧殘的命運，耶利哥也不會少受一些。用屹立不搖四個字來形容耶利哥，可不只是單純的形容而已，羅馬人曾經剷平過、十字軍曾經摧毀過，一次又一次的踐踏，卻一次又一次的再度重建，直到今日，耶利哥仍是有人居住的城市，一個住著一萬八千多人的城市。

中國有個吐魯番窪地，而中國海拔最低的城市就是其中的吐魯番市，城市最低點在海平面以下一百五十四公尺，這樣的低窪很驚人是吧！不過耶利哥更低，最低點在海平面以下兩百五十八公尺，

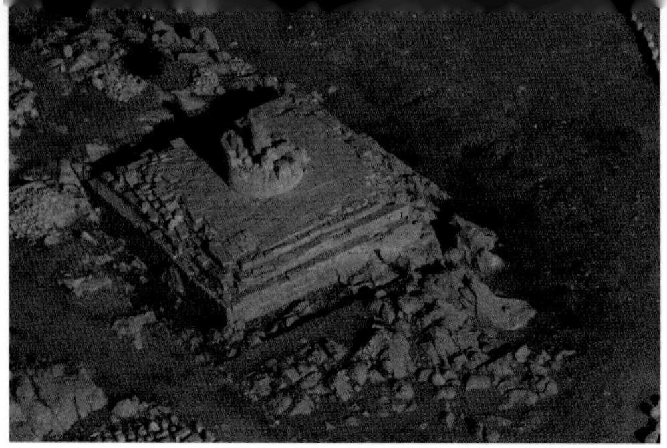

【照片 1】帕塔拉的燈塔。

這種低窪地勢對耶利哥非常重要，因為耶利哥的年雨量僅有一百六十公釐，屬於熱帶沙漠氣候，在這種降水量嚴重不足的地區，無法看天吃飯，但是由於鄰近約旦河，屬於約旦河谷的低窪地，地下水相當豐富，再加上肥沃的沖積土和幾乎永遠強烈的陽光，農業發展的條件相當優越，棕櫚樹、甘蔗、香蕉等作物的栽植都有千年以上的歷史。

隨著時代的變遷，今日耶利哥的主要收入來源是基督徒的旅遊業，纜車可以帶著基督教的朝聖者直接抵達誘惑山（聖經故事），山上還保有希臘東正教的修道院。

最古老的燈塔

帕塔拉 (Patara) 的燈塔

土耳其南方瀕臨地中海，在漫長的地中海濱上，有一座古城帕塔拉。「帕塔拉」字面上的意思是「泥淨的地面」，過去這裡有一條小溪流經，小溪帶來了清涼潔淨的飲水和沖積土，因此孕育了此地的農業和城市需求。

原本考古的重心一直是挖掘重現帕塔拉古城，經過多年努力，許多古建築一一重現在世人眼前，有阿波羅神廟、大型劇場、石板道路、大型澡堂、澡堂旁的客房等，但萬萬沒想到，就在大型劇場東北方六百公尺處，竟然發現了一個古代燈塔（36°15'48.27"N，29°18'29.71"E，圖8），這是一個沒有名字的燈塔，或者曾有過名字，但早已被遺忘。

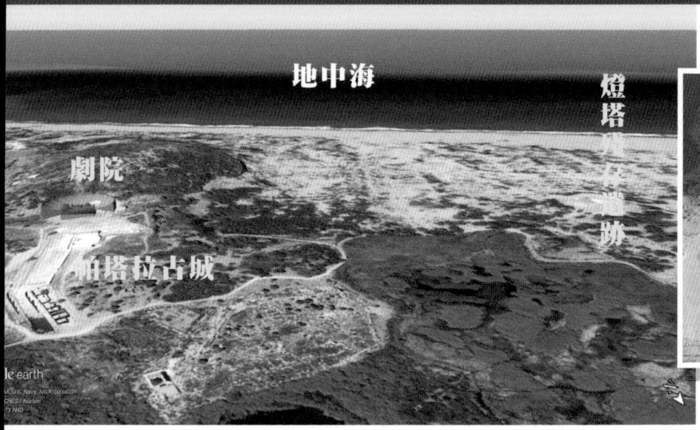

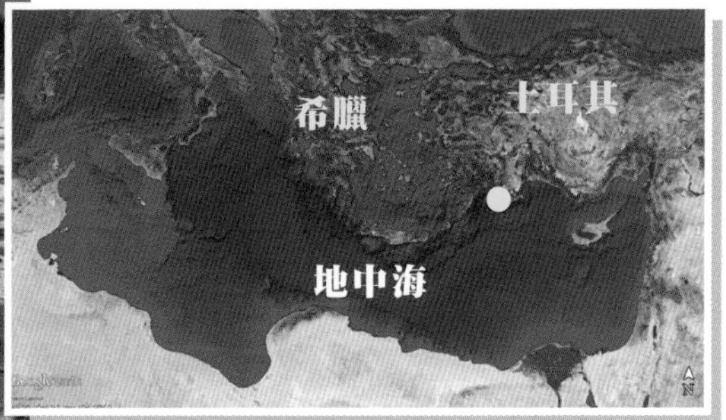

↑【圖 8】帕塔拉的燈塔。

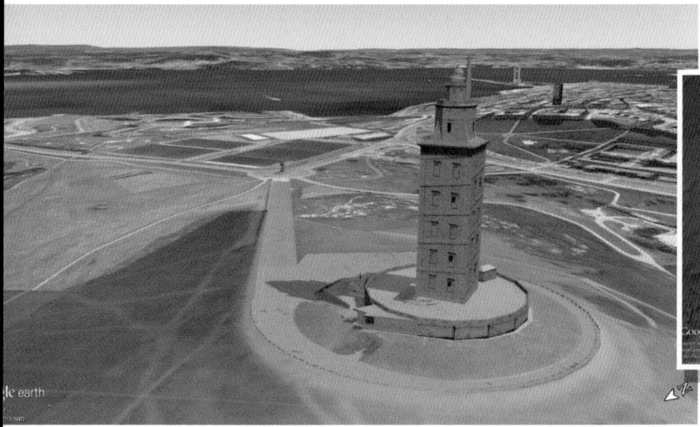

↑【圖 9】海克力士燈塔。

挖掘過程中，發現一塊屬於燈塔的青銅銘文，而依照地基直徑與殘存的石塊，估計燈塔高度大約為十六到二十公尺（照片1）。燈塔的殘碎破片裡還找到一具人類的骸骨。殘骸、碎片與周遭的狀況顯示，燈塔並不是毀於地震，極可能是毀於地震所引發的海嘯，骨骸的主人很可能就是燈塔看守人，他沒料到海嘯的威力如此驚人，試圖逃跑時卻為時已晚。

海克力士燈塔 (Tower of Hercules)

帕塔拉的燈塔早已無法使用，只是殘存著一點遺跡，但是位在西班牙的海克力士燈塔，則是目前「仍在使用」之最古老的羅馬燈塔，年齡高達一千九百歲（圖9）。此塔原來高三十四公尺，於一七八八年時，三層高的塔樓加上了高度二十一公尺的第四層，總高度因此達到五十五公尺，可以俯瞰西班牙北部的大西洋沿岸。

此塔最後的重大修復於一七九一年進行，至今也有兩百多年，已經成為西班牙的紀念碑，如今更被列為世界文化遺產。不過海克力士燈塔的位置一直引發討論，燈塔的位置似乎在導引隨著西風而來的船隻，但這在西元二世紀的時候好像不太合理，或許是為了滿足在英格蘭、愛爾蘭與西班牙北岸之間航行的需求。

十大最繁忙的航線

受到美國好萊塢電影的影響，想像中美國的飛行航線應該是全球最繁忙的航線才對，再不然歐洲的飛航路線也應該屬於全球搶搭的熱門航線，然而二〇一二年全球飛航乘客資料的統計，令人驚奇地發現，全球十大運量最多的航線，竟然有七條在東亞（圖10）。

運量第一名的航線是濟州島與首爾間的飛航，一年乘客量可達千萬人次，等於是每天有兩萬八千人在這兩個城市間穿梭，這個數量遙遙領先第二名。看來韓國近年來的觀光發展頗有成效，當然另一個關鍵在於首爾市有人口兩千六百萬人（二〇一二年），是全球第二大城市。

第二名是札幌到東京之間的航線，北海道不只是臺灣人愛去，日本人也經常把北海道列為旅遊計畫的首選，而札幌又是北海道最大的城市，每天都有班機直飛札幌到東京之間，所以這條航線的旅客人數居高不下。

十大繁忙航線中，東京一地就擁有四條航線，實在很驚人。東京到大阪排名

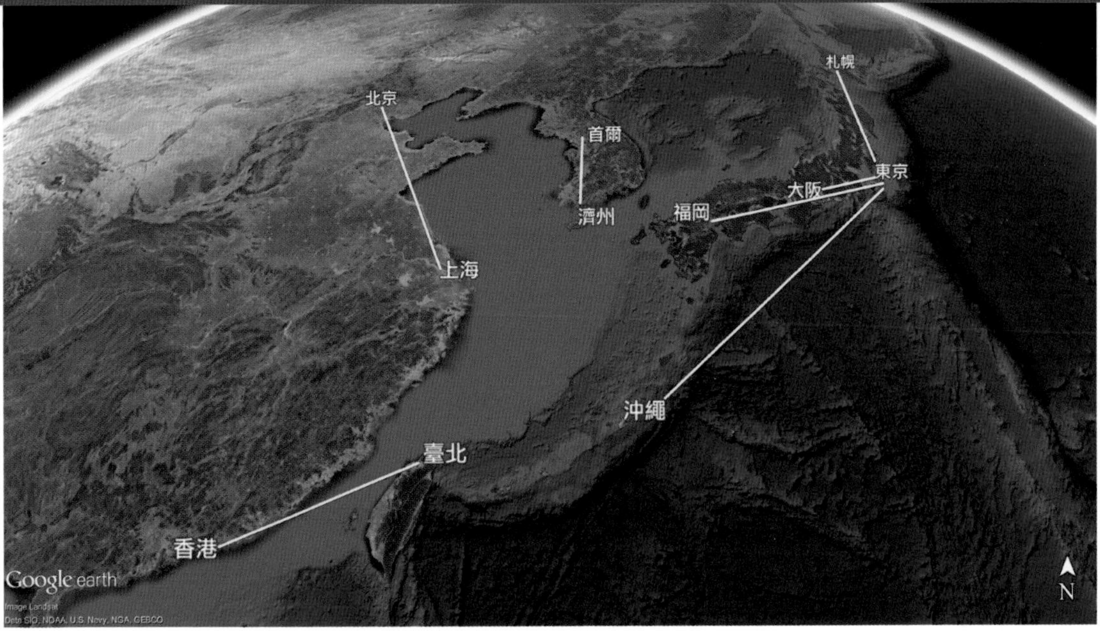

↑【圖 10】全球前十大運量的航線中，有七條在東亞。

第六，東京到福岡排名第七，東京到沖繩則排名第九。許多臺灣人都很熟悉東京，但是東京有些數據臺灣人未必清楚，例如，東京都會區是全世界最大的都會區，有人口三千七百萬人（二〇一〇年）。在二〇〇八年金融海嘯前，如果把東京當作一個國家，那麼東京都會區的經濟規模可以排到世界第八位。此外，東京地下鐵每日的運量可以達到八百萬人次，大約是臺北市捷運每日運量的四倍（若按都市人口比例計算，臺北捷運其實相當出色），這個數字高居全球地鐵繁忙程度的第一名。

最繁忙航線的第三名是里約熱內盧 (Rio de Janeiro) 到聖保羅 (São Paulo) 航線，這條航線也是南北美洲唯一一條進榜的航線，這兩個城市分別是巴西的第一和第二大城，聖保羅有人口兩千萬（二〇一二年），而里約熱內盧則有六百五十萬人。聖保羅不僅是巴西第一大城，也是南半球的第一大城市。同樣的，人多的城市地鐵的運載量必然很大，聖保羅地鐵全長六五・九公里，車站五十八個，日均載客量為三百六十萬人。

第四名是北京到上海間的航線，上海市人口兩千四百萬（與臺灣人口相當），世界排名第四位，北京市人口兩千一百萬，世界排名第五，連結兩個世界人口前五名城市的航線，經濟又處在高度發展狀態，運量要不大也難。

澳洲雪梨市 (Sydney) 的人口有四百六十萬（二〇一一年），比起東京、上海，人口規模小得多。墨爾本 (Melbourne) 都會人口有四百二十五萬（二〇一二年），與雪梨相去不遠，但是都市範圍奇大，面積達到八千八百〇六平方公里，相當於三十三個臺北市的面積，你沒看錯！有三十三個臺北市的面積！墨爾本不僅是都市面積廣大，生活品質更是被《經濟學人》(*The Economist*) 從二〇一一年開始連續三年評為「世界最佳居住城市」。從地理位置上來看，澳洲接近亞洲，而目前澳洲的經貿往來也與亞洲緊密互動，日本、中國更是澳洲的最大貿易夥伴，所以東南亞國協要增加的六國之中，澳洲就屬其一。

臺北飛香港航線也榜上有名，榮登世界十大最繁忙航線的第八名。二〇一三年桃園國際機場全年運量達到三千萬人次，其中光是與香港機場間的航線就占了

十大繁忙航線（2012）

排名	起訖點	乘客數量（百萬）
1	濟州島～首爾	10.16
2	札幌～東京	8.21
3	里約熱內盧～聖保羅	7.72
4	北京～上海	7.25
5	墨爾本～雪梨	6.94
6	大阪～東京	6.74
7	福岡～東京	6..64
8	香港～臺北	5.51
9	沖繩～東京	4.58
10	開普敦～約翰尼斯堡	4.41

↑【圖 11】本世紀末，世界人口總數將會達到一百一十億人，光是非洲和亞洲的人口總數就會達到九十億人。之後，全世界的人口將會達到穩定狀態。

六分之一強的五百多萬人次，如此看來，臺灣的經濟活力還是有一定的水準，大量的旅遊和商務乘客在空中來回飛奔，才能創造這般成績。

南非開普敦 (Cape Town) 有人口三百七十四萬（二〇一一年），約翰尼斯堡 (Johannesburg) 人口有四百四十三萬（二〇一一年），這是非洲唯一進榜排名第十的繁忙航線。

為何十大繁忙航線有七條在東亞、一條在非洲、一條在南美洲、一條則在澳洲呢？影響原因包括了經濟發展因素、觀光發展因素等，但是最核心的關鍵因素在於世界人口的分布（圖11）。美洲、歐洲、非洲、亞洲的人口剛好是十億、十億、十億、四十億，亞洲擁有最多的四十億人口，當亞洲經濟條件逐漸往已開發國家靠近時，四十億人口的威力就開始展現出來。如果沒有重大戰爭如第三次世界大戰的話，到了本世紀中期二〇五〇年，美洲、歐洲由於人口零成長，所以人口不再增加，亞洲的人口會從四十億成長到五十億，而非洲更會複製一倍，從十億成長到二十億。這時美、歐、非、亞的人口分布將會成為十億、十億、二十億、五十億。再過五十年，到了二一〇〇年，美洲、歐洲、亞洲全部人口零成長，只有非洲繼續人口激增，從二十億再翻倍變成四十億。此時，美、歐、非、亞的人口分布將會成為十億、十億、四十億、五十億。如果要問未來的經濟趨勢、政治趨勢、戰略趨勢，這種世界人口的分布態勢絕對要列入關鍵參考因素。

⊕ 世界七大黃金礦

化學周期表上的金屬元素中，最特別的、與經濟息息相關的大概就是黃金了，黃金具有特殊的「貨幣」價值，亞洲金融風暴發生時，南韓經濟崩潰，外匯見底，當時韓國的對外貿易都被要求拿黃金來付帳，沒人要收不值錢的韓圓，畢竟鈔票可以亂印，稀有黃金是不可能亂產的。

科學家估計地球上的黃金總量有六十萬億噸，若是平均分給每個人，大約每人可以分到一萬噸，有這麼好嗎？當然沒有！因為九九%以上黃金都在地核裡，是挖不到的，人類從古至今開採出來的黃金總量大約是一二・五萬噸（二〇〇五年），除以七十億人口，平均每人只分到十八公克，確實稀有呀！這麼稀有的金屬，要達到工業開採價值的好金礦床並不是很多。

威特沃特斯蘭德 (Witwatersrand)

南非的威特沃特斯蘭德地區擁有世界上最大的已知金礦儲量，已生產超過四萬噸黃金，是至今所發現最豐富的金礦床。一九七〇年代南非的黃金產量占世界總產量的七九%，但是到了二〇〇九年，比重已經下降到不足八%，從二〇〇七年開始，中國超越南非成為全球最大的黃金產國。

↑【圖 12】TauTona 金礦是世界最深的金礦場，中央的建築是進入礦井的電梯。

威特沃特斯蘭德地區最著名的礦床當屬 TauTona 金礦（圖12），TauTona 意為「偉大的獅子」，是世界最深的採礦場，多年來已開採深達三・九公里，礦工們下到底部工作，光搭電梯就要花掉兩個小時。在如此深的環境中，岩石表面溫度可以高達攝氏六十度，工作環境的氣溫已達到無法忍受的五十五度，為了解決高溫環境問題，每天必須將大量的冷水送到井下，等到水溫升高之後，再消耗大量的電力將水送到地面。由於南非的水資源相當珍貴，為了減少降溫過程所消耗的水量，還特別建造巨大的製冰廠，將冰漿加入到水中，在管道中循環，為整座礦井降溫。

除了垂直升降用的礦井以外，為了開採礦石而橫向發展的礦坑通道總長度，竟然可以長達八百公里，等於是中山高速公路總長的兩倍。隨著礦井深度的增加、礦坑通道的延長，願意在礦坑裡工作的礦工會愈來愈少，最終徹底消失。不過科技的進步可以解決這種問題，運用如酒瓶般大小的機器人，構成一隊螞蟻大軍，每一隻機械螞蟻都能噴射細菌，溶解並收集黃金。

人們為了取得資源，更多瘋狂的想法都在計畫著，例如在月球上採礦，由於月球的重力只有地球的六分之一，所以在月球挖礦可以更深入地下，而且月球並不屬於任何國家，各種資源基本上是有能者先得之。科幻片中出現的種種畫面，恐怕不需多久就

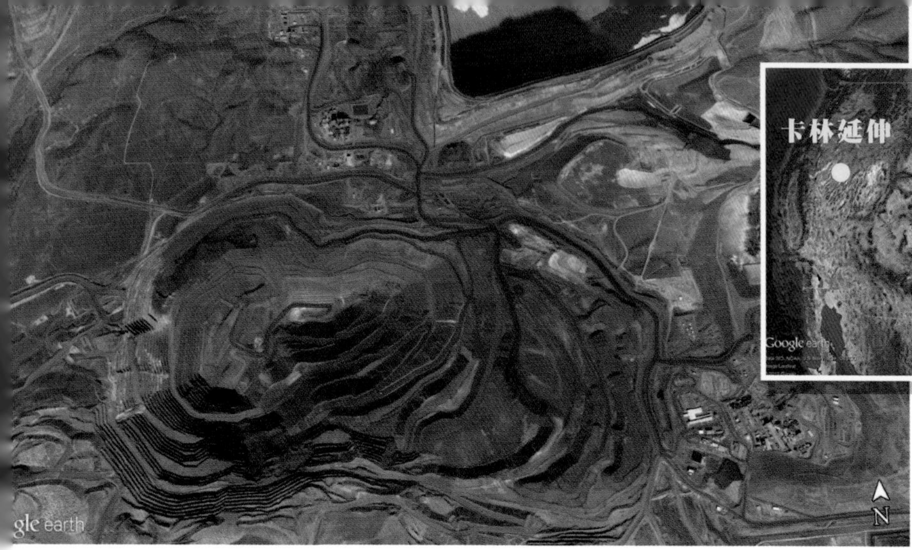

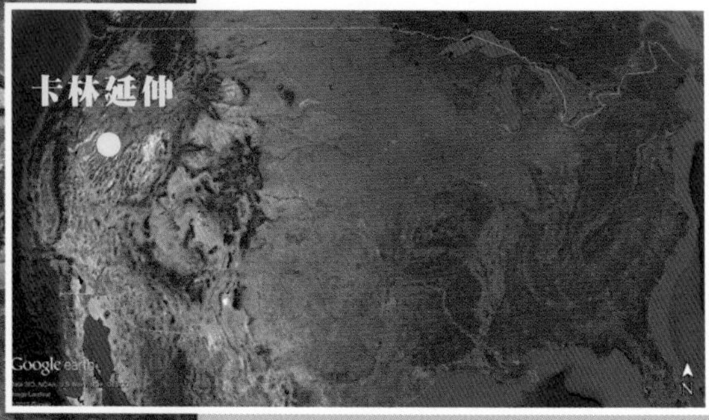

↑【圖 13】卡林延伸。

會真實地在現實中上演，當然，不變的是人類無止盡的貪婪。

卡林延伸 (Carlin Trend)

三億五千萬年前的造山運動，導致北美洲板塊在美國內華達州產生大量山脈、盆地和裂隙，地下水被加溫後形成溫泉，在裂隙中承受著極大的壓力，於是流動的溫泉攜帶著溶解的礦物質來到接近地表處沉澱下來，當中含有黃金和白銀，由於沉澱區域寬八公里、長六十四公里，因此取名為「卡林延伸」（圖13）。

到二〇〇八年為止，此礦區已經開採出四千七百噸的黃金，每年的黃金產出占美國總黃金產量的八〇%。若是內華達州是個國家，那麼光是內華達的黃金產量就足以排名在全球第四位。卡林延伸黃金礦區為露天開採，技術上比起南非 TauTona 金礦的深井式開採要簡單得多，安全度也比較高一些，開採速度更要快上許多。

說來有趣，依據過去一百年來美國的西部淘金史記載，顯示出美國的前輩們根本搞錯了方向，真正的富礦不在舊金山 (San Francisco) 一帶，而是在卡林延伸呀！不過，雖然這裡被稱作世界最富的金礦之一，卻是屬於隱形的黃金，為何「隱形」呢？因為含有溶解黃金的溫泉，將極微小的黃金細粒沉積在其他礦

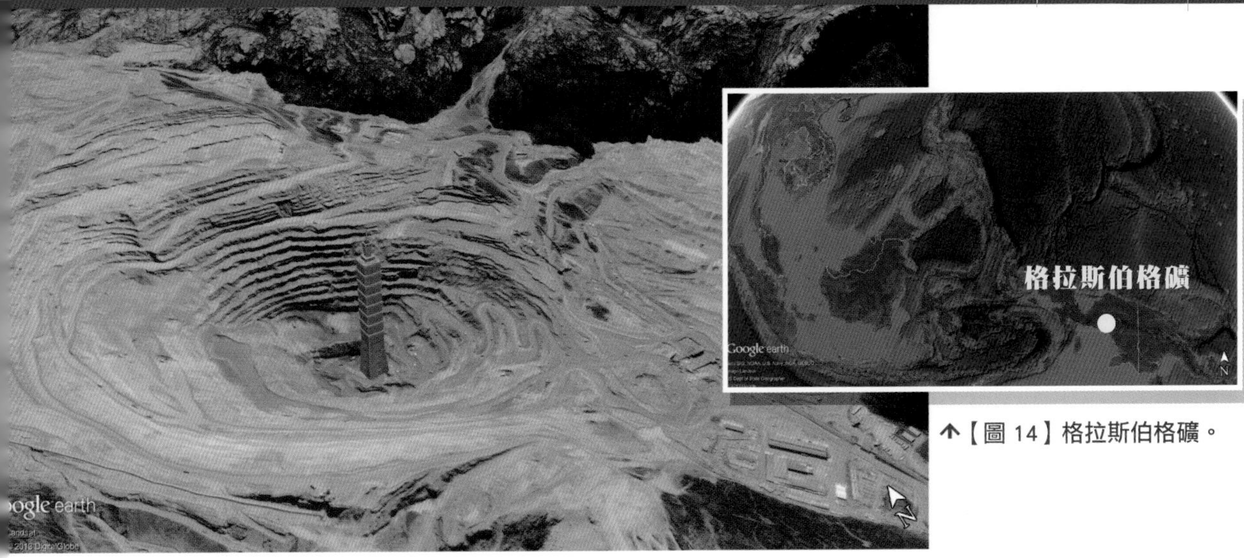

↑【圖 14】格拉斯伯格礦。

物之中，微小到連用顯微鏡都很難看到，而前輩們因為技術條件限制，只能尋找看得見的黃金，即使一百年前有人拿到一本天書來到這裡，用過去的傳統方法，還是無法提煉黃金的。

格拉斯伯格礦場 (Grasberg Mine)

若是說到小小的峇里島，大家都很熟悉，但說到世界第二大島——新幾內亞島，大部分人第一瞬間的感覺是似乎聽過，卻又說不清楚在哪裡。事實上，從臺灣到新幾內亞島的直線距離比到峇里島還近呢！只是到新幾內亞島的直線距離雖然不算太遠，時間距離卻很遙遠。到峇里島有班機可以直飛，到新幾內亞島就必須先飛到印尼首都雅加達 (Jakarta)，再轉飛新幾內亞島的蒂米卡 (Timika) 機場，那可是繞了一大圈。

新幾內亞島的交通偏遠，島上還有樣貌雄偉、裝扮色彩鮮豔的原始部落，時至今日，這裡依然有大片人跡罕至的區域。一九三六年，一位荷蘭地質學家突破種種困難，來到這個以存在著食人族部落聞名的島嶼，並且在山中發現金、銅礦床，這也就是今日著名的格拉斯伯格礦。此礦是世界上最大的金礦之一和第二大銅礦蘊藏量，遠看就像是一個被隕石炸過的坑洞，屬於露天開採形態，而且採礦的位置在山脊之上，礦坑邊緣的海拔高達四千多公尺，來此工作的人員一抵達蒂米卡機場，必

↑【圖 15】格拉斯伯格礦的尾礦堆積區。

會仰望著遠山雲霧飄渺中的空中黃金。

格拉斯伯格礦位在澳洲板塊邊緣地區的平移斷層上（圖14），礦區的東側則是澳洲板塊和太平洋板塊的聚合邊界，也就是說，西半邊的新幾內亞島向東北方向衝撞並潛入太平洋板塊，同時又帶動格拉斯伯格礦南側的斷層平移。如此地擠壓又平移，造就出大量地層間裂隙，使得地下水在礦區附近匯聚大量的金、銅礦。

到格拉斯伯格礦工作，不但有工作的風險，還有生活環境的治安風險，不僅一般暴力攻擊時有所聞，當地的巴布亞自由運動組織也不時搞點破壞、殺幾個人以宣揚反政府理念。此外，大量的礦石經過碎石、洗選和濃縮之後，產生了酸性礦山廢水和漿料狀態之尾礦，覆蓋土地的面積用衛星影像都清晰可見（圖15），國際輿論與當地居民對此顯然很有意見，時而產生過激的抗議，印尼軍隊

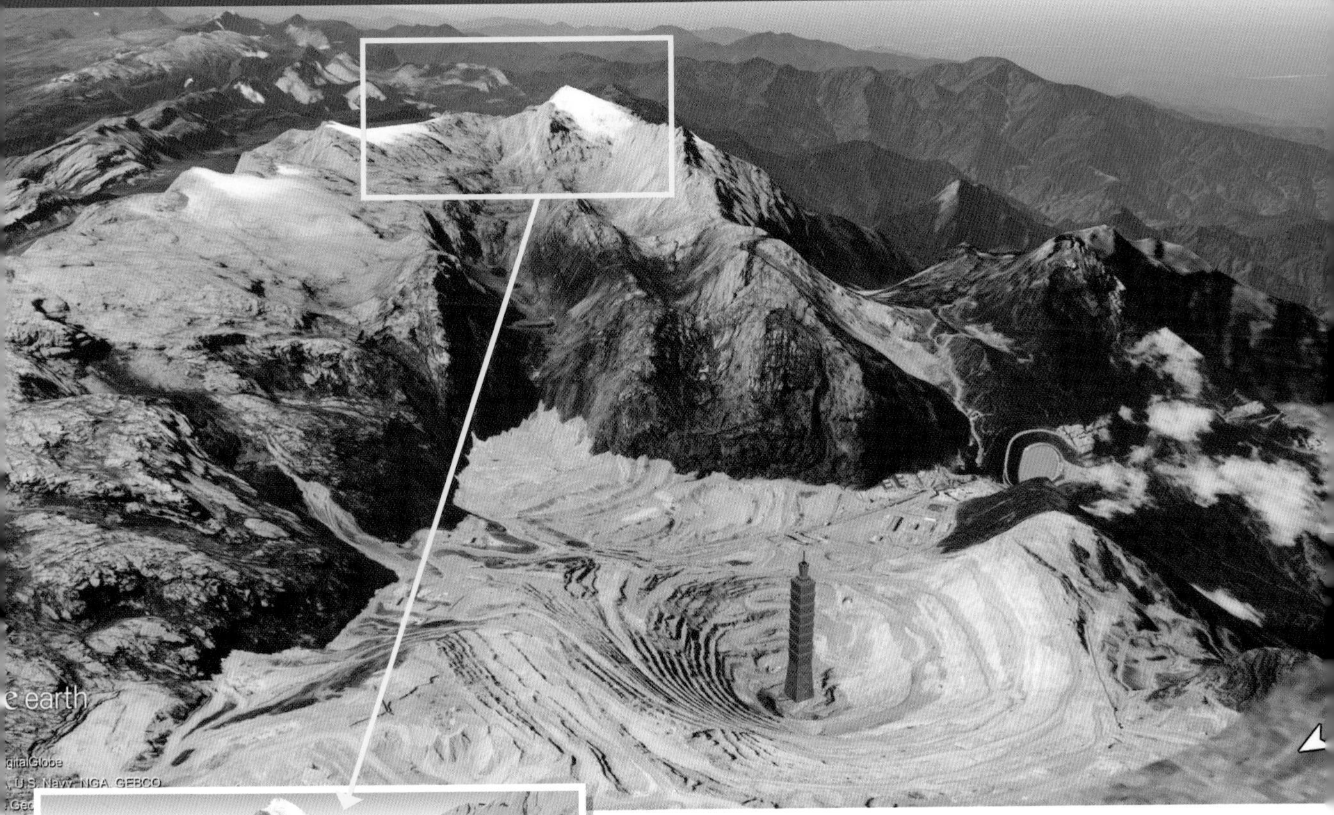

↑【圖 16】格拉斯伯格礦東邊的冰河。

的暴力回應更成了經常性話題。

格拉斯伯格礦位置在南緯四度，非常接近赤道（圖16），可是往礦區的東邊一瞧，山上竟然出現冰河，這種事情顯然是有趣且獨特的，所以許多人希望保存下如此奇景。然而人們擔心格拉斯伯格礦資源耗盡之後會再繼續向東挖掘，也憂慮繼續挖深導致山體滑落，但是要關閉礦區可說是不可能的任務，此礦的股權非常複雜，印尼政府只擁有約九％

↑【圖 17】超級坑。

的股份，就算印尼政府想關閉，也得拿錢出來把其他的股份買下來，這可是一筆可以把印尼整個國家買下來的巨額啊！

超級坑 (Super Pit)

超級坑位在西澳大利亞的卡爾古利 (Kalgoorlie)，是全澳洲最大的露天礦（圖17）。該坑呈現長方形，長約三・五公里，寬一・五公里，深度達到五百七十公尺，礦場占地面積接近八平方公里，相當於十一座紫禁城的大小。此礦產量相當大，每年可以生產二十八噸的黃金。

超級坑礦區富含黃金的地帶，大多是位於輝綠岩礦脈，輝綠岩又稱粗粒玄武岩，言下之意，輝綠岩的化學成分和礦物成分與玄武岩極為相似。玄武岩是一種深層火成岩，為地下岩漿從火山中噴出或從地表裂隙中溢出後，冷卻凝結形成的火成岩。

這裡來做一個模擬岩石生成的小實驗，首先拿三根試管，每根試管裡放一顆樟腦丸，再將三根試管放到加了水的燒杯當中，用火加熱燒杯，以隔水加熱的方法讓三根試管中的樟腦丸慢慢融化，當三根試管中的樟腦丸都完全變成液態時，拿出其中的一根試管放到冰水之中，再拿一根

↑【圖 18】亞納科查金礦占地面積相當於五個臺北市，處理金礦要經破碎再混合水銀造成粒徑約十五公釐的團粒，再以氰化濕浸回收。畫面中大池子的水可不是拿來喝的，是拿來萃取黃金的液體，含有劇毒。

試管插入沙堆之中，緊接著關火，讓最後一根試管隨著熱水慢慢冷凝。當三根試管中的液態樟腦丸完全冷凝成固態時，仔細觀察三根試管會發現放在冰水中的試管，其中的樟腦丸結晶顆粒最細、硬度最差；而留在熱水中的試管，其中的樟腦丸結晶顆粒最粗、硬度最大。看得昏頭了嗎？簡單來說，在這個小小實驗中，我們可以得到一個訊息：冷凝時間愈短者，結晶的時間越短，結果顆粒最細、硬度最差；冷凝時間愈長者，結晶的時間愈長，結晶構造發展愈完整，結果顆粒最粗、硬度最大。

澳洲西部是以古老結晶岩為主的陸塊，「古老」二字意味著岩石在形成的時候，屬於在地殼深處慢慢冷凝而成的岩層，所以冷凝的時間較長、結晶的時間較長、顆粒較粗、硬度較大，例如堅硬的花崗岩、玄武岩。輝綠岩雖近似玄武岩，但多以侵入火成岩的形態出現，這種特性對於黃金礦脈的匯集很有助益，超級坑黃金礦脈的成因就是在遠古時期玄武岩層遭遇外力斷裂，隨後輝綠岩侵入而伴隨黃金匯集，前面提到的 TauTona 金礦亦是如此。

→【圖 19】亞納科查金礦到卡哈馬卡市區的直線距離僅有十多公里，當地住民認為礦業公司汙染了他們的水。

亞納科查（Yanacocha）

亞納科查在祕魯的北部，是世界上第二大黃金礦。此礦也是個露天礦，不過卻是一個大得嚇死人的露天礦，整個礦區除了數個向下挖的大礦坑之外，還把突出的山頭給剷平。礦區總面積高達一千三百八十五平方公里，等同於五個臺北市（圖18），由此也可感受到投入在此的金額是如何巨大，而產出的金礦又是多麼的富可敵國。

巨大到可以傾國傾城的財富，自然不會像是煤礦坑一樣單純，礦區裡有美國中央情報局、法國特務的人馬，當然也有祕魯政府的情治人員，竊聽、賄賂、黑槍樣樣來，基本上和打仗沒什麼差別。最被外界知曉的新聞，就是一段祕密的錄影揭露了祕魯情報部門高層官員受賄賂、貪汙、販毒等醜聞，而祕魯總統藤森(Alberto Fujimori)受牽連而下臺。亞納科查金礦的礦權現在緊緊地握在紐蒙特礦業公司的手上，而紐蒙特礦業公司的總部位在美國科羅拉多州，這樣一來，大家應該很清楚這一場「美法黃金之戰」最後的贏家是誰了。

亞納科查在印第安語是「黑湖」的意思，不過黑湖早已消逝，取而代之的是鋪天蓋地的礦石開採，這些礦石經過氰化物和水銀的萃取而得出珍貴的黃金，即使僅從衛星影像都可以看到一個一個的巨大水池，形成了現代版的黑湖。這些黑湖出現在群山之間與山頂之上，是含有氰化物與水銀的礦產廢水。

距離亞納科查不遠處有一個歷史上重要的城市——卡哈馬卡（Cajamarca，圖19）。西元一五三二年，一個西班牙文盲冒險家帶著一百六十八人的迷你部隊，來到了卡哈馬卡與印加皇帝會面。當時印加皇帝帶了八萬人，結果卻是西班牙人綁架了印加帝國的皇帝，並且屠殺了大約七千以上的印加人（印加的說法），西班牙的一百六十九人竟然無人死傷，很難理解是吧！主要是因為印加帝國剛打完內戰，新皇帝才上任不久，權威尚未完全鞏固，所以雖然有八萬人，卻是前面一亂後面就散，簡直就是兵敗如山倒。另外，這是場不對稱戰爭，由石頭、銅器對抗火槍、鐵甲和戰馬（形同坦克）。卡哈馬卡戰役是西班牙征服印加帝國的重要一役，經此一役，印加皇帝被俘，最終西班牙滅了印加帝國，並建立祕魯殖民地。

物換星移，今天的亞納科查金礦依然還是在外國人的掌控之中，不過紐蒙特礦業公司在此地遭遇愈來愈多的挑戰，主要來自於氰化物和水銀對於地下水與環境的汙染。而當地居民對礦業公司的信任崩盤，則是在兩千年六月的一場意外，當時一輛運汞的卡車意外傾倒了三百三十磅貨物，當地不知情的居民看到會發亮的奇怪物體，好奇地撿回家去，後來這些人都病倒了，醫院檢查呈現汞中毒，這下群情譁然，千餘位村民聯名到美國聯邦法院控告紐蒙特礦業公司。從另一個角度來看，工礦業汙染和住民意識的抬頭是一場永無休止的鬥爭，一開始雙方資源不對稱，但是隨著網路、手機的普及，住民的籌碼總算稍稍增加了一些。

↑【圖 20】以今日的標準來看，霍姆斯特克礦並非最大和最深的金礦坑，不過在二〇〇二年以前，它可是西半球最了不起的礦場。

霍姆斯特克礦 (Homestake Mine)

霍姆斯特克礦位在美國南達科他州（圖20），二〇〇二年停工關閉營運之前，此礦是西半球最大和最深的金礦場，在一百二十五年的連續生產下，總共生產超過一千一百噸的黃金。

此礦從一八七七年開始，礦業大亨喬治・赫斯特 (George Hearst) 成立了霍姆斯特克礦業公司，陸陸續續買下了礦區的土地。此人做事很一貫，說要買就是一定要買到手，若是有人不賣的話，不久就會惡運臨頭。他的兒子更有名，是美國報業的巨亨——威廉・倫道夫・赫斯特 (William Randolph Hearst)，他讓「黃色新聞」成為報業的主流，別誤會，這裡的黃色新聞不是色情新聞，而是巨大頭條（其實很次要）、大量圖片、偽造採訪、誤導性標題、灑狗血等方式來運作的新聞形態。現在才開始媒體墮落嗎？顯然至少一百多年前就已經是這樣了。

霍姆斯特克礦雖然在二〇〇二年關閉，但是當地卻展開另一項有趣的科學任務，也就是測量「中微子」。中微子是組成自然界最基本的粒子之一，個頭很小，不帶電，可以自由穿過地球，幾乎不與

↑【圖 21】利希爾島位在北俾斯麥板塊之上，周遭板塊條件複雜。

任何物質發生作用，被形容為宇宙間的隱形人。正是因為微小且不帶電的特性，所以才會命名為中微子，意即中性微小的粒子。從太陽出發的中微子，八分鐘可以抵達地球，每一千億個中微子與地球相遇，只有一個中微子可能與地球上的原子發生作用，要如何才能捕捉到從宇宙空間射來的中微子呢？科學家做了一個直徑六公尺的大桶，埋在霍姆斯特克金礦的深處，構成一架「中微子望遠鏡」以捕捉中微子。這一招果然有用，神祕的中微子終於露面了，不過從預測中微子的存在到真的捕捉到中微子，幾乎耗費了二十五年。不過看是看到了，但是仍看不清楚而且數量太少，所以中微子的研究還在繼續努力中。

利希爾金礦 (Lihir Gold Mine)

利希爾島所在區域的板塊構造異常複雜（圖21），島本身處在北俾斯麥板塊之上，北側有太平洋板塊衝撞聚合，南側則有南俾斯麥板塊，而南、北俾斯麥板塊交界之處，有張裂斷層，有平移斷層，也有板塊聚合，並由五個層疊的玄武岩層所構成。

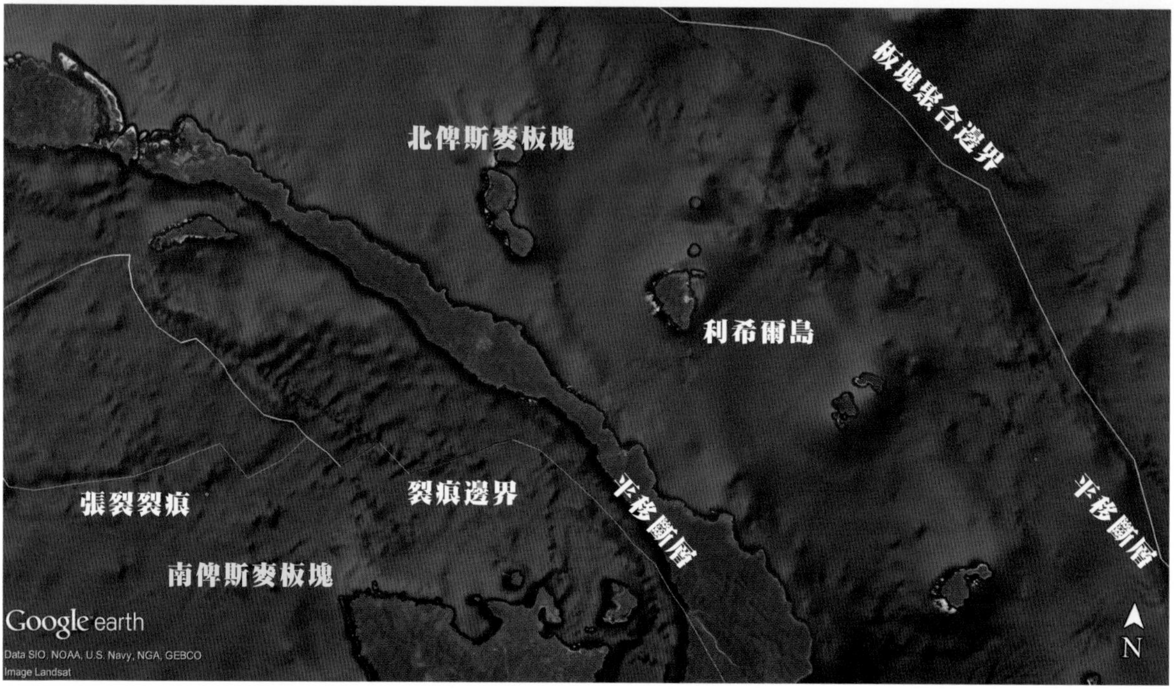

↑【圖 22】利希爾金礦位在島上最年輕的路易斯火山的巨型破火山口中。

由於板塊運動異常活躍，所以此區地震活動頻繁，地熱資源豐富，而利希爾島本身就是一座火山露出海水而形成的島嶼，島長二十二公里，寬一四・五公里。路易斯火山屬於島上最年輕的火山（四十萬年前形成），位在島東岸的中段，地形上屬於一個巨型破火山口，火山口呈現桶圓形，長軸直徑約六公里。金礦場位在巨型破火山口的底部，而破火山口的缺口就是路易斯港（圖22）。此地的黃金大多包含在硫化物中，礦脈隨著熱液匯集在火山熔岩通道或地殼裂隙之中，隨著在火山口底部不斷向下挖掘，坑底愈來愈低於海平面，也愈來愈低於地下水面，必須不斷抽出大量的地下水才能繼續開採，於是危險提高，成本也提高。

採礦代價很大，但是收益更大，利希爾金礦產量驚人，自一九九七年開挖至二〇一三年為止，已經產出了兩百五十五噸黃金，若以每盎司一千兩百美元計算，這個數量相當於一百〇八億美元，三千兩百四十億臺幣，大約臺北市兩年的總預算。

02 自然之最

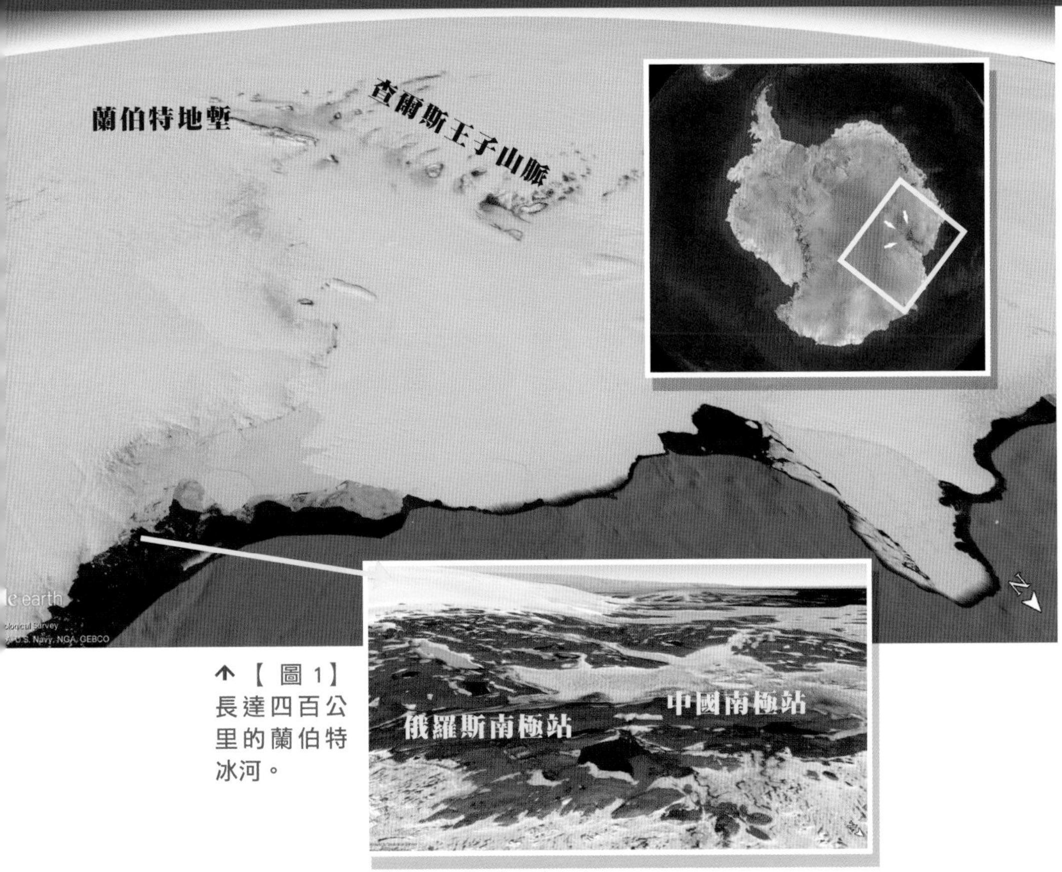

↑【圖1】長達四百公里的蘭伯特冰河。

最長的冰河

世界最長的蘭伯特冰河（Lambert Glacier）長度達四百公里，寬度達一百公里，比臺灣本島的最長縱軸三百八十三公里還要長。這個冰河在臺灣南方一萬一千一百公里遠的南極洲上（圖1），這裡極度荒涼、極度酷寒，冬季最低溫可以到零下八十八度。世界最低溫一向都是在南極而不是北極，主要原因在於南極海拔高，且南極周遭海域缺乏暖流的調節，不像北極鄰近海域還有北大西洋暖流的能量輸入。

南極遍地冰雪，卻像沙漠般乾旱，年降水量僅有兩百公釐（年雨量兩百公釐以下就可定義為沙漠）。除了企鵝、海豹以及各國零星的極地科學研究站外，幾乎沒有動物在此常住。一九七八

谷冰河

位於高山雪線以上的冰層如果往下移動，且過雪線後仍繼續行進，有如河川從山谷中流出來般，這樣的冰河就被稱為谷冰河。

年，一位阿根廷男孩在南極洲的埃斯佩蘭薩（Esperanza，意思是希望）基地誕生，是世界第一位南緯六十度以上出生的嬰兒，自此開始到二〇一〇年為止，共有十一個孩子出生在南極洲，這些嬰兒的誕生帶有阿根廷、智利政府「神聖」的企圖，那就是要「合法」擁有南極洲的部分土地。

浩瀚無涯是在南極最明顯的感受，由於冰河流動緩慢，加上酷寒，這裡的一切似乎都是凍結靜止的。雖然在地面上很難感受到冰河流動之美，但是從高空中來看，冰河流動所留下來的紋路，構成了一幅震懾人心的畫面。南極洲上面的冰河，大多是大陸冰河，但是蘭伯特冰河卻是一個谷冰河，源頭來自於查爾斯王子山和蘭伯特地塹，再一路向北流洩到海灣。冰河的速度愈上游愈慢，愈到冰河末端前緣移動速度愈快，速度可達每年一千兩百公尺，等於每天移動三・二公尺，相當快速。

⊕ 攀登死亡率最高的山峰

喬戈里峰（Chhogori，塔吉克語高大雄偉之意）、野人峰、殺人峰，這個世界第二高峰有著許多不同的名字，但是國際最慣用的還是K2峰。K2名稱來自於一八五六年西方探險隊首次考察並標出喀喇崑崙山脈自西向東的五座主要山峰，分別以K1至K5命名（圖2）。K2峰比聖母峰低，卻是世界公認最難以攀登的山峰，依據二〇〇三年九月的資料統計，K2峰歷來共有一百九十八人成功登頂，但有五十三人死亡，攀登死亡率為二六・七七％（死亡率＝死亡人數／登頂人數），

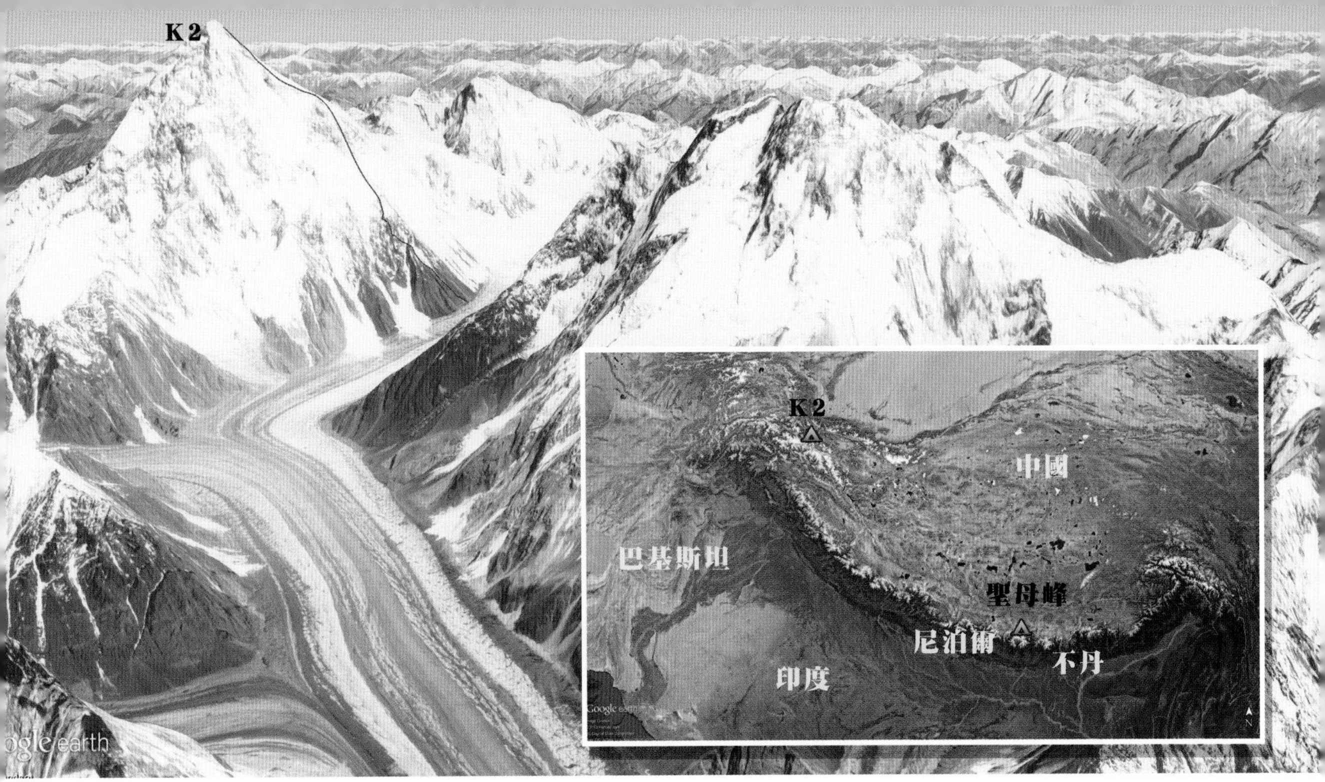

↑【圖 2】K2 海拔八千六百一十一公尺，是世界第二高峰，但攀登死亡率第一高。紅色線是傳統攀登路線之一，從南面碎石坡作為起點。

等於每四個攀登者就有一人不幸罹難，若是用一九九〇年之前的紀錄來計算，死亡率更是高達四一%。二〇〇八年八月二日，十七名登山者從巴基斯坦一側登頂成功，但是在下山時遭遇雪崩，導致十一人遇難，成為K2峰登山史上死亡人數最多的一次山難。

每年九月中旬到隔年四月中旬，K2峰進入冬季，由於鶴立雞群，峰旁再無更高山峰，空氣流動的阻礙少，經常颳著強風，峰頂的最低氣溫更可達零下五十度。這是登山的終極挑戰時段，目前尚無人在冬季成功攀登上K2峰。此外，每年五月到九月從印度洋吹來的西南季風送來暖濕氣流，此時K2峰不論是降水還是山上的融雪，都會導致河谷水位暴漲，人畜難以進入。所以K2峰的最佳入山時機是五月到六月初，此時進山河水雖漲，但還不太嚴重，等到七月至九月時，山頂氣溫稍高，好天氣持續時間較

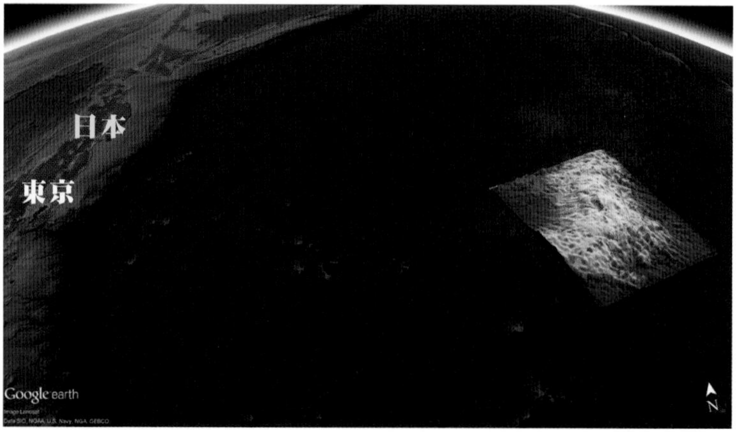

←【圖3】大塔穆火山處在相對平緩的西太平洋板塊之上，顯得相當突兀。

長，便是登頂的好時間。

攀登路線有數條，圖2中的攀登路線為其中的一條選項，從南面海拔五千兩百三十八公尺的碎石坡開始，要向上三千三百七十三公尺才能攻頂，等於幾乎要爬上七座臺北一〇一大樓，而且還是在低溫、缺氧、重裝的情況下。

最大的火山

二〇一三年在西太平洋，大約日本東側一千六百公里的外海處，發現了一座世界上最巨大、單一的盾狀死火山，稱作大塔穆火山（Tamu Massif，圖3）。

大塔穆火山的峰頂在海平面以下一千九百八十公尺，整座火山的高度達到四千四百六十公尺。形成時間大約在一．四五億年前，為侏羅紀到白堊紀的初期。劇烈噴發之後，大塔穆火山就再也沒有噴發了，留下來非常巨大的火山身軀，圓形穹頂延伸達到四百五十公里乘六百五十公里，面積有二十六萬平方公里，這可是七倍臺灣的大小。在此之前，地球上最大的火山是夏威夷的冒納羅亞火山（Mauna Loa，圖4），冒納羅亞火山占地五千平方公里，大塔穆火山比冒納羅亞火山大了五十倍。

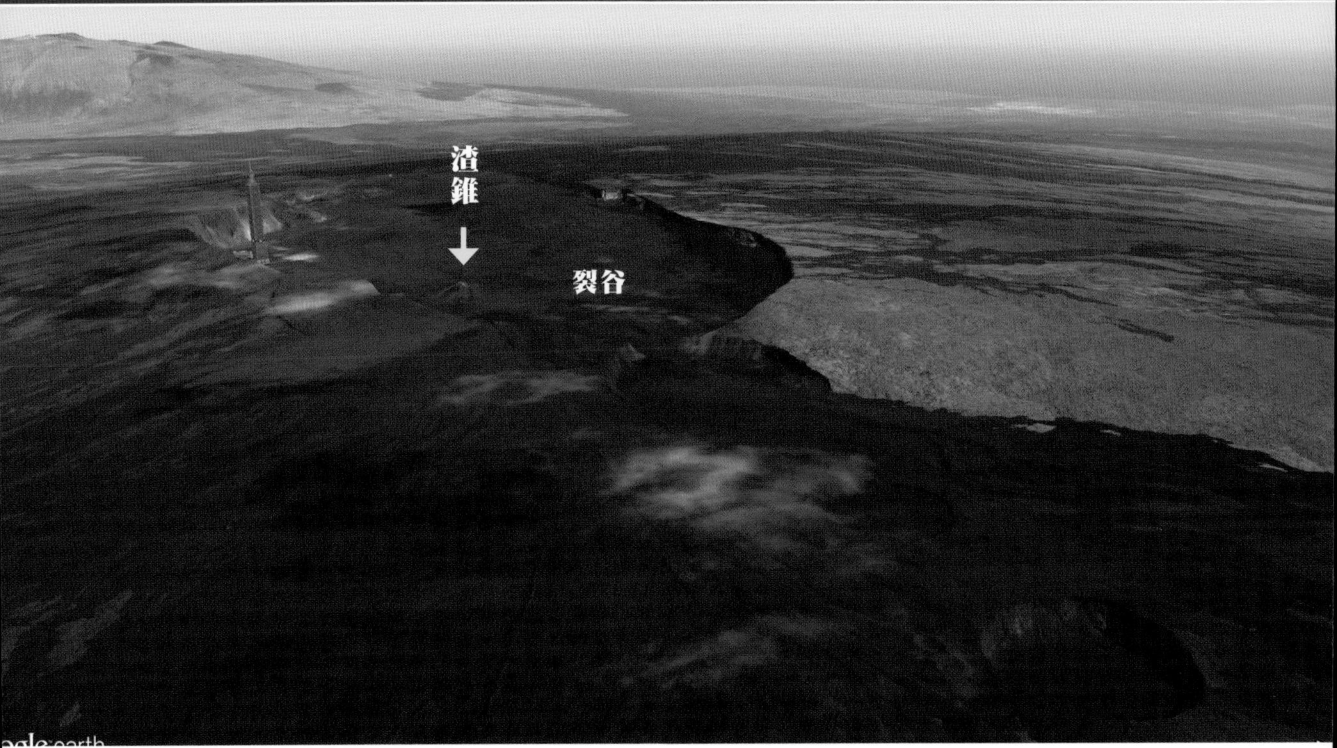

↑【圖 4】冒納羅亞火山的意思是「長山」，山頂的大火山口叫莫卡維奧維奧（Moku'a weoweo），意思為「火燒島」。一次又一次的噴發，加上板塊的移動，不但讓冒納羅亞火山變成長山，山頂也拉出一個長長的裂口（放置臺北一〇一大樓作為比例尺，可以感受到火口的巨大）。

相當巧合的，大塔穆火山和冒納羅亞火山都位在太平洋板塊之上，只不過冒納羅亞火山是太平洋板塊下方的熱點所造成，且屬於繼續噴發中的盾狀活火山，所以冒納羅亞火山是陸上最大火山，也是最大的活火山。每次噴發時，冒納羅亞火山都是安安靜靜地噴出岩漿，就像夏威夷人的性格，少有激動與暴力。會有這樣的特性，主要是因為冒納羅亞火山噴出的岩漿缺乏二氧化矽（石英），岩漿的流動性高，竄出地表時自然阻礙小，也造就了坡度只有十二度的緩坡「盾狀」，所以巨大的冒納羅亞火山遠看似乎沒有非常「嚴峻」，然而實際上，山頂海拔可以達到四千一百七十公尺（圖5）。

冒納羅亞火山只花了六十萬到一百萬年就達到世界最大活火山的地位，在地質時間上來說是非常快的。根據歷史觀察，火山每一千五百到兩千年會有數百年的噴發高峰期，冒納羅亞火山近期的噴發大多集中在山頂的裂谷中，沿著裂谷往西南方向是噴發的一級危險區，裂谷中也分布著大大小小的火山渣，若能置身其中，將會看到一如末日電影的情境，非常壯觀！

↑【圖 5】冒納羅亞火山海平面以下的山體高達五千公尺，加上海平面以上的四千一百七十公尺，整座山若從海底算起將高達九千一百七十公尺。

世界十大死亡地震

地震名	時間	芮氏規模	地點	死亡人數
嘉靖大地震	1556 年	8~8.3	中國陝西華縣	八十三萬餘人
唐山大地震	1976 年	7.8	中國唐山	二十四萬兩千人
南亞大海嘯	2004 年	9.3	印尼蘇門答臘外海	二十九萬多人
海原大地震	1920 年	8.5	寧夏回族自治區	二十三萬四千多人
關東大地震	1923 年	7.9	日本	十萬人
阿什哈巴德大地震	1948 年	7.3	土庫曼阿什哈巴德	十六萬人
汶川大地震	2008 年	8.0	中國	六萬九千多人
克什米爾大地震	2005 年	7.6	喀什米爾地區	八萬八千多人
墨西拿地震	1908 年	7.5	義大利墨西拿	十二萬三千人
安卡什大地震	2009 年	7.9	祕魯欽博特外海	十萬人

⊕十大致命地震

臺灣位在環太平洋火環地震帶上，對於地震的來臨可謂家常便飯，但是要說造成嚴重傷亡的世紀災難，臺灣的地震史是排不上榜的。有歷史紀錄以來，造成死傷最慘重的前十大地震，最多的竟然達到駭人聽聞的八十三萬人。

環太平洋以及從地中海到喜馬拉雅山，是全球地震發生最密集的地帶，這兩大地震帶所發生的地震，占世界地震總數量的九〇%以上，釋放的能量更是占世界地震釋放總能量的九十五%。對中國來說，很不幸的剛好就位在這兩大地震帶之間，前十大地震中就占了四次之多。不過，中國是世界上對於地震記載最完整的國家，或許死傷最重的地震未必真的在中國，但是只有中國具有最清楚的歷史記載，證明地震的時間、地點和震災狀況。

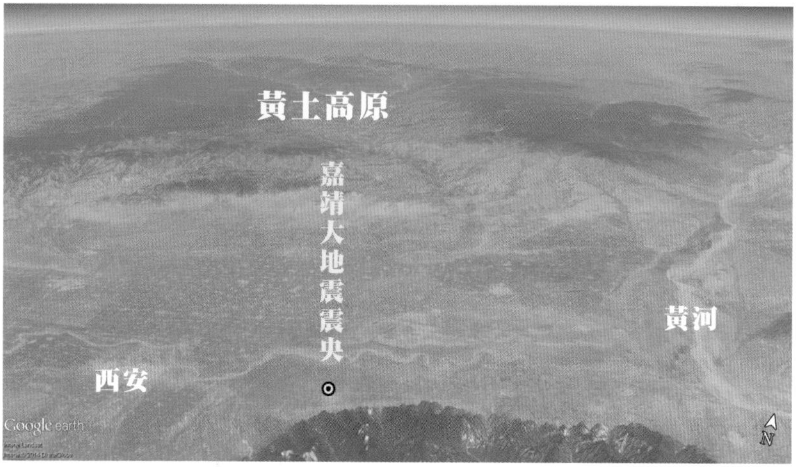

←【圖6】嘉靖大地震位置。

嘉靖大地震

明朝嘉靖三十四年臘月十二日（一五五六年一月二十三日），發生一次中國史書上記載死亡人數最多的大地震。此次地震震央位於陝西華縣（圖6），根據史料記載推論，這次地震強度達到芮氏規模為八到八・三，《明世宗實錄》（卷四三〇頁三）記載：

「嘉靖三十四年十二月壬寅。是日，山西、陝西、河南同時地震，聲如雷，雞犬鳴吠。陝西渭南、華州、朝邑、三原等處尤甚，或地裂泉湧，中有魚物，或城郭房屋陷入地中，或平地突成山阜。或一日連震數次，或累日震不止。渭河泛漲，華嶽、終南山鳴，河清數日。壓死官吏軍民奏報有名者八十三萬有奇。時致仕南京兵部尚書韓邦奇、南京光祿寺卿馬理、南京國子監祭酒王維禎同日死焉，其不知名，及未經奏報者，復不可數計。」

「聲如雷」指的是地鳴或地聲，地震的部分能量傳遞到空氣轉變成聲波而形成聲音，另一種狀況則是地震造成的局部磁場變化，因而釋放出電磁波，有些人可以聽到這些地震所產生的電磁波，而具有一定程度的「預知」能力，不過「精準度」不足則是能聽見地聲人士的共同難題。地聲和地震光一樣，都是地震的一種徵兆。「雞犬鳴吠」則是地震發生時的動物反應，不過日本有研究發現「鯰魚」對於地震所發出的磁波變化反應最為靈敏，還有日本學者計畫在全國所有高中都養鯰魚，以形成一個全國性「鯰魚觀測網」，除了觀測地震之外，兼具有教育功能。「地裂泉湧」指的是土壤液化導致地下水湧升，當時的地下水湧升量顯然非常驚人，竟然可以讓「渭河泛漲」、「河清數日」。

史料中還記載了死亡人數為「八十三萬有奇」（當時明朝的總人口約為六千多萬），為何死亡人數如此之多呢？這是由於震央所在的陝西華縣，地理區位上屬於渭河平原，而渭河平原的最大城市西安，僅僅距離華縣七十多公里，大約是臺北市區到苗栗縣竹南鎮或是高雄市區到臺南市新營區的距離。另外，華縣北側六十多公里就是範圍巨大的黃土高原，雖然黃土的顆粒具有稜角，使得黃土擁有優異的壁立性，但是在芮氏規模八的搖晃之下，就如有人拿著奶粉罐不斷拍打罐體，讓罐內的奶粉迅速地降低（華縣地震後就下陷了五到十公尺），當時黃土高原上眾多的窯洞，就在這種狀況下紛紛崩塌，窯洞內的居民幾乎全數當場活埋（地震發生在半夜十二點）。僥倖存活下來的人恐怕比死去的人還慘，因為時值隆冬，大雪紛飛，氣溫酷寒且糧食無多……

唐山大地震

嘉靖大地震畢竟是發生在四百五十多年前的「古」事，然而一九七六年發生的唐山大地震，只要是現年五十歲以上的人應該都還有印象。這次地震強度達到芮氏規模七・八，造成二十四萬兩千人死亡，另更有死亡六十五萬人的說法。死亡人數的差距如此之大，主要還是來自於對官方數據的不信任，因為地震發生在文化大革命的尾聲，四人幫害怕鄧小平上臺，不斷政治施壓媒體必須繼續批鄧，指示報社不可讓災難報導搶過批鄧的風潮，結果導致重大的地震災難竟無合理的

→【圖7】發生在人口稠密地區的唐山大地震。

照片刊登，甚至對災害傷亡影響隻字不提，彷彿國家機密似的。

唐山大地震之後，有人觀察到一些奇怪的現象，例如，開灤煤礦井地下坑道和地面相比破壞極輕，地面的房舍嚴重倒塌，地下坑道卻損傷輕微。再如一個村莊房屋破壞得幾乎變成一片廢墟，但是鄰近的另一個村莊房屋卻完好無損，再往前一個村莊卻又遭到毀滅性破壞。於是以李泰來為代表的地質學者就據此提出了一種看法，認為地震波除了縱波與橫波外，應該還有一個扭波。李先生認為縱波使物體產生上下振動，橫波使物體前後擺動，兩者的破壞都不大。但是扭波一到，則把物體從內部扭散、扭斷，隨即垂直墜落，造成巨大破壞。

不過扭波理論基本上不出地震波的基礎，依然是說明地震波的作用與影響。有多種原因可以讓建築產生扭轉破壞，例如，建築物的長度小於地震波長時，就可使建築物產生扭轉破壞；或是地震波與地震波的反射波相互干擾，也會對建築物產生扭轉破壞；如果建築物的重心與建築物的抗震結構中心不重合時，建築物也可能產生扭轉損壞。所以唐山大地震造成的嚴重破壞，很難以一個單純扭波去概括解釋。

唐山大地震發生於凌晨三點四十二分，是眾人熟睡之時，主地震前沒有像樣的小規模前震，所以主震來臨時讓人感到相當突然。震央與震區位在容易土壤液化的沖積平原，而且由於過去唐山少有地震，因此房屋抗震性普遍不佳，這些因素都導致了重大傷亡（圖7）。另一個導致傷亡繼續擴大的主因，則是唐山地震具有超強餘震，許多傷亡者在芮氏規模七・八的主震摧殘下存活過來，卻無法度過主震十五個小時之後所發生的芮氏規模七・一餘震，以及接著數次規模五以上的餘震。這種規模強大的餘震殺傷力很驚人，因為一堆建築結構已被主震嚴重破壞而搖搖欲墜，根本禁不起再一次搖晃，何況是規模接近主震強度的震撼。

南亞大海嘯

二〇〇四年十二月二十六日，剛剛過完耶誕節，許多西方人趁著耶誕假期跑到泰國、印尼的美麗海灘度假，沒想到在雅加達、曼谷當地時間的上午七時五十八分五十五秒，發生了自二十世紀以來地震規模第二大的強烈地震，僅次於一九六〇年芮氏規模達到九・五的智利大地震，但是傷亡人數可是天差地別。

智利大地震由於當時資訊蒐集困難，估計死亡人數從兩千到六千人不等，但是南亞大海嘯的死亡人數「至少」有二十九萬多人。精準死亡人數難以計算的原因主要有兩個：一是影響範圍遼闊，有許多偏遠地區交通困難，亦無通訊或通訊損毀；二是印尼的亞齊省在地震當時屬於叛軍所掌控，無法有效掌握資訊。若是依據當時印尼駐馬來西亞大使的說法，印尼亞齊省的死亡人數可能超過四十萬人，這是非常可怕的數字。

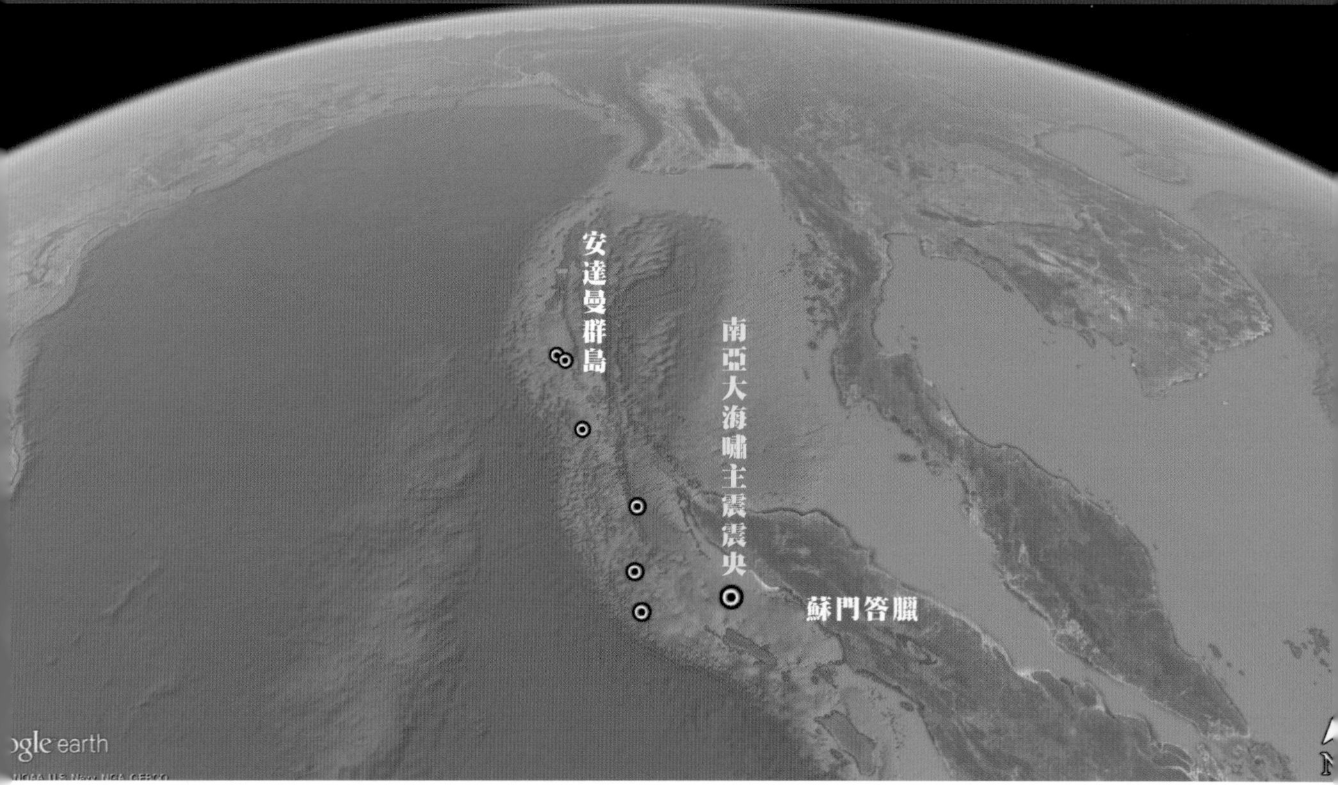

↑【圖 8】南亞大海嘯科學界稱為蘇門答臘—安達曼地震，主震震央鄰近蘇門答臘。圖上其他各點代表主震之後隨即發生的規模五以上餘震震央。

受到這次地震影響而有人員死亡的國家高達十四國，死亡人數超過千人的有四個國家，最後相對確認的數字分別是印尼二十三萬四千人、斯里蘭卡四萬一千人、印度一萬人和泰國五千人，其中外國遊客有九千人遇難，大多是歐洲人（特別是北歐人）。若以歐洲國家來看，瑞典受到的衝擊最大（死亡五百四十三人）。若以年齡來看，死亡者中有三分之一是兒童，這是因為受災區的人口結構中兒童比例高的緣故。若以性別來看，女性死亡數量是男性的四倍，這是由於許多漁夫的妻子站在海邊等待丈夫歸來，或是待在鄰近海邊的屋子裡照顧幼童。

南亞大海嘯科學界稱為蘇門答臘—安達曼地震（圖8），導因於印度板塊每年以七公分的速度俯衝進入緬甸板塊之下。上一次的大海嘯發生在七百年前，這麼長時間累積的能量，釋放出來是非

→【圖 9】海洋深度愈淺，海嘯前進受到的阻力就愈大、速度愈慢，後面的能量往前疊加，會導致海嘯的波幅加大。

常驚人的，相當於一千五百顆廣島原子彈的威力（尚不及一顆沙皇氫彈的能量），造成一個長達一千六百公里逆衝斷層的斷裂面，並且此一斷裂面的一側抬升了十五公尺。正是這一瞬間抬升的板塊，引發了巨大的海嘯，雖然直接由於地震所造成的死傷不多，卻因海嘯造成大量傷亡。海嘯侵襲最嚴重的地區凸顯了海岸過度開發，以及大範圍砍伐沿海紅樹林的問題，經歷過南亞大海嘯與日本三一一海嘯之後，受到海嘯侵襲過的國家都開始重視紅樹林的維護和海嘯警報系統的建立。

海嘯傳播的速度與海洋的深度關係密切，當經過海洋深度較深處時，海嘯前進的速度會較快；海洋深度愈淺，海嘯前進受到的阻力就愈大，海嘯速度就會愈慢，後面的能量往前疊加，將會導致海嘯的波幅加大，因而接近到沿海陸地時，波幅甚至可以高達三十公尺（圖9）。三十公尺可是十層樓的高度啊！這將會是一個毀天滅地般的景象。

地震加上海嘯經常改變一個國家的歷史，甚至改變了一個國家的氣運。例如，一七五五年葡萄牙的里斯本（Lisboa）大地震，芮氏規模九的地震將里斯本八五%的建築摧毀，倖存的人們驚恐地逃離城市來到港邊、海岸邊，沒想到四十分鐘後海嘯來襲，結果造成了近十萬人死亡，當時的里斯本人口也不過只有二十七萬人。這場災難不僅是毀了里斯本，同時也重創了葡萄牙的國力，帝國因而從此衰落。

臺灣很少有海嘯的歷史紀錄，唯一明確的海嘯紀錄是一八六七年十二月十八日的基隆海嘯，當時在基隆港外海不遠處的基隆嶼發生了規模七的地震，能量

←【圖 10】發生在黃土高原的海原大震。

並不算大，卻引發了巨大的海嘯（或許是海底山崩所造成的），導致基隆港忽然乾涸，而後大海嘯奔騰而來，沿岸居民從七百戶變成只有十六戶。

以海嘯的易發環境來看，臺灣只有北部基隆和南部墾丁一帶比較易遭受到海嘯的衝擊。根據過去的震央歷史紀錄來看，東部外海較有機會遭受到海嘯的襲擊，不過很幸運的是，東部絕大多數的海岸從海底到陸地就像是一堵高牆，彷彿是游泳池的邊界，不管在游泳池中製造了多麼大的波浪，游泳池裡的水也不會大量翻越到池畔。因此，雖然東部外海的海底發生過無數次地震，甚至夏威夷、舊金山地震所引發的海嘯，都不曾對東部產生威脅。

海原大地震

一九二〇年十二月十六日，當地時間（隴蜀時間）晚上七點〇六分，當時的甘肅省海原縣（今日的寧夏回族自治區）發生了芮氏規模八・五的大地震（圖10），光是甘肅省的傷亡統計，死亡人數就達到二十三萬四千多人，不過礙於當時的時空環境，精確死傷人數無法得知。

嘉靖大地震發生在渭河平原，鄰近黃土高原區，海原大地震則是根本就位在黃土高原上，地震深度僅有十七公里。黃土的顆粒非常細緻，直徑大約是〇・〇二到〇・〇〇四之間，差不多相當於花粉的粗

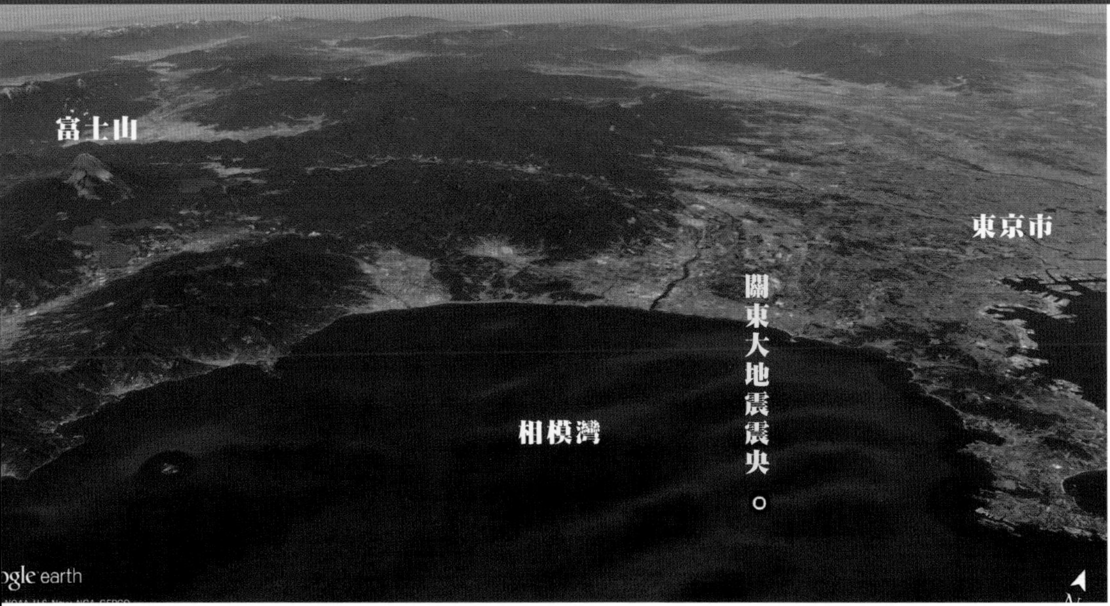

↑【圖 11】關東大地震震央距離東京市中心僅有六十公里，因而造成大量死傷。

細。這些黃土是由蒙古高原的岩石經過反覆熱脹冷縮不斷崩裂而成，即使最後顆粒已經細如花粉，每一個顆粒放大來看依然具有稜角，使得黃土擁有垂直壁立性，也就是說黃土層不容易崩塌，因此自古以來當地居民就利用此特色挖掘黃土形成窯洞。可是，不易崩塌必須以沒有地震為前提，一旦大地震來臨，開始劇烈搖晃，黃土顆粒就會往空隙裡鑽，黃土層就會下陷、崩塌，因此窯洞就成了高度危險的活埋坑。而且時值隆冬，天寒地凍，許多大難不死的倖存者卻沒有後福，被酷寒和饑餓打擊接連倒下。

關東大地震

海原大地震後三年，換成日本的關東平原遭受震災。一九二三年九月一日，神奈川縣相模灣發生芮氏規模七點九的強震（圖11），特別的是，上午十一時五十八分先是一次七・九的震動，三分鐘後，也就是十二時一分立即再來一次七・三的餘震，十二時三分又來一次七・二的餘震，前後三次地震時間達到五分鐘以上。

由於地震發生的時間剛巧在中午，許多市民開伙煮飯，導致了火災四起，還沒完，同一時間湊巧颱風來襲，強風助燃火勢的蔓延，東京、橫濱陷入一片火海。由於地震造成水管破裂，火災變得完全失控，燒了整整兩天才逐漸緩和。大火延燒到最高峰時，甚至出現罕見的火旋風，也稱為火龍捲風或火災魔鬼，這個火焰龍捲風般的漩渦，吞噬了三萬八千人的生命。接連發生地震、火災、颱風，顯然還不夠精彩似的，沿岸地區另有十公尺的海嘯來襲，這種全面失控的狀態最後造成了十萬人死亡。

災後謠言四起，媒體顯然也進入失控狀態，多家報紙竟然說韓國人到處放火，還在各處水井下毒，結果住在災區的韓國人縱使逃過了天災，卻逃不過人禍。事後統計，大約有六千六百名韓國人被冤枉打死，更有來自溫州的中國人，因為被誤認為韓國人而遭受池魚之殃。這場大地震災禍，讓當時的政權失去民心，導致極右派崛起，軍權干政的態勢逐漸明顯，也對一九四一年的太平洋戰爭埋下了伏筆。

不過才三年之前中國發生了海原大地震，死了二十幾萬人的時候，日本並未捐輸任何象徵性的救助，然而清朝最後一位皇帝溥儀聽到關東大地震的消息之後，動了惻隱之心，拿出不少家當捐助日本，可是日本人還是很堅持地在十四年後發動了第二次中日戰爭。八十八年後，二〇一一年日本發生了三一一大海嘯，臺灣的捐款高居世界各國捐款的第一名，說實在的，我們對日本真的很不錯。

阿什哈巴德 (Ashkhabad) 大地震

土庫曼位處亞洲大陸的中心，水氣非常不容易進入，所以氣溫變化劇烈，最高溫可以到攝氏五十度，最低溫又會到零下三十三度。土庫曼西邊毗鄰鹹水湖裏

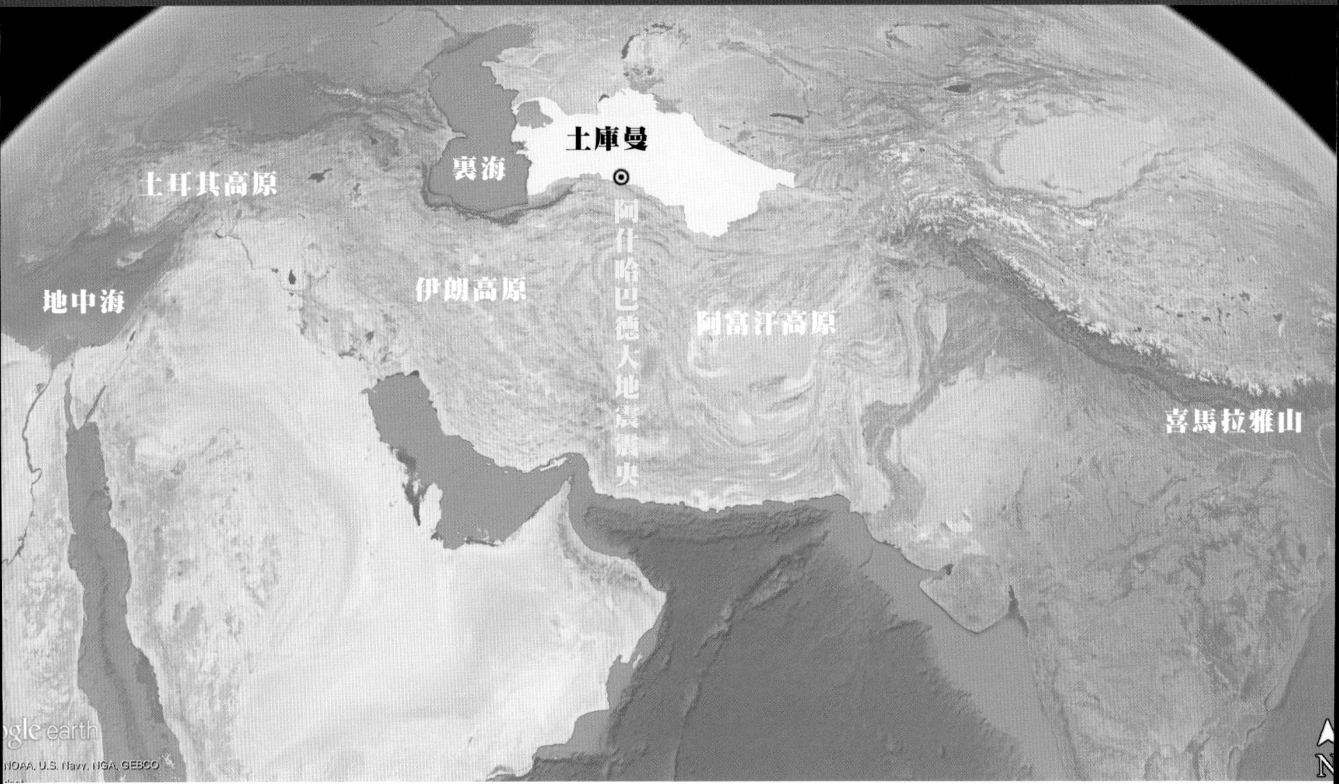

↑【圖 12】從喜馬拉雅山到阿富汗高原、伊朗高原和土耳其高原，屬於喜馬拉雅—地中海地震帶。土庫曼的阿什巴哈德就是緊鄰於此。

海，南邊緊鄰伊朗和阿富汗，這個位置鄰近喜馬拉雅—地中海地震帶，因此經常遭受地震的威脅。

一九四八年十月六日凌晨一點十二分，土庫曼發生了芮氏七．三的強烈地震，震央位在土庫曼第一大城，同時也是首都的阿什哈巴德（圖12）。二〇〇七年土庫曼國家通訊社提出地震死亡人數為十六萬人，相當於當時人口的一五％。土庫曼強人總統尼亞佐夫（Saparmurat Niyazov）的母親也在這一次地震中喪命，使得年幼的尼亞佐夫成為孤兒。

這位強人總統有兩項成為話題的作為，一是讓自己的任期無限制，二是將十二個月分的名稱重新用自己的家人名字命名。

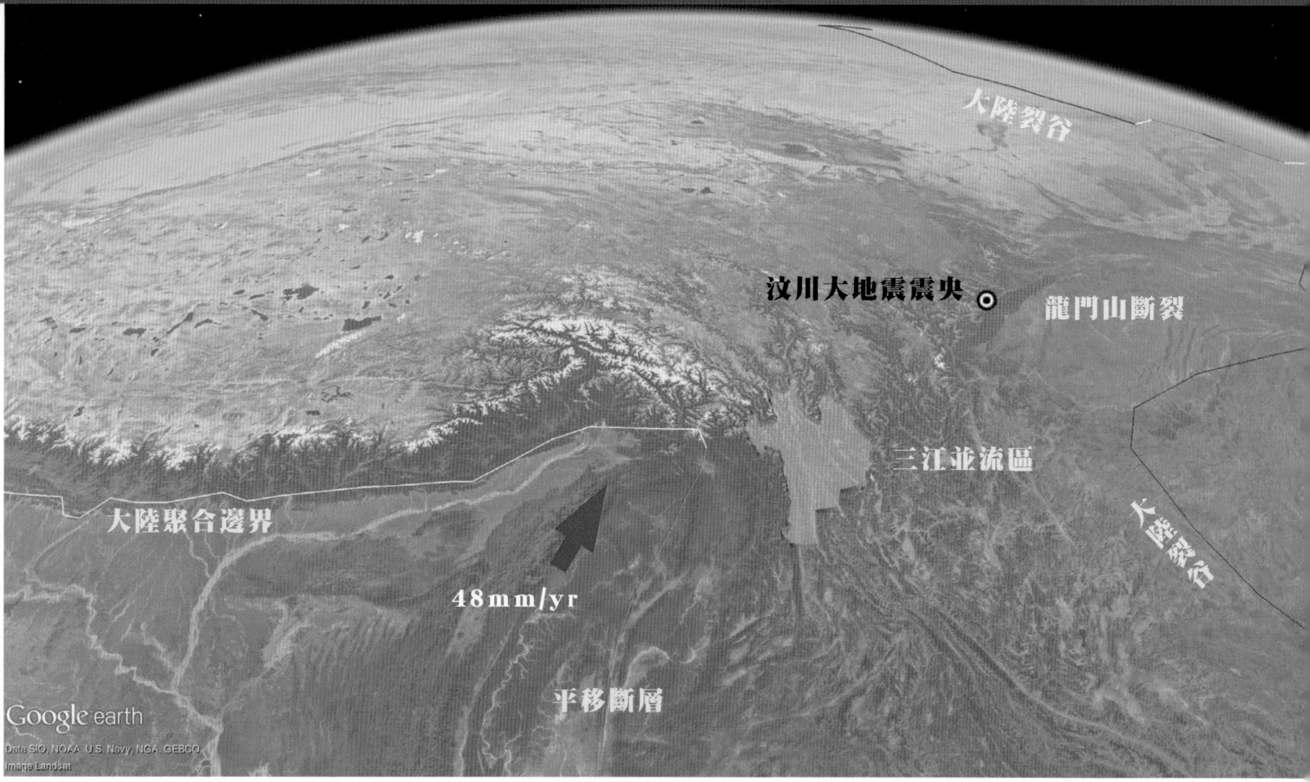

↑【圖 13】三江並流區、龍門山斷裂帶都是印度板塊每年以四十八公釐的速度衝撞歐亞板塊，所引發的地質構造變化。

汶川大地震

二〇〇八年發生在四川汶川的大地震，地震達到芮氏規模八，震央深度只有十九公里，造成了六萬九千多人死亡。比起嘉靖大地震、唐山大地震、海原大地震都奪走超過二十萬人的性命，汶川地震規模並不小，為何傷亡人數相對較少呢？嘉靖大地震和海原大地震都在黃土區，窯洞崩塌是傷亡主因，而唐山大地震則是由於震央在人口稠密區且建築物幾乎無防震設計，相較起來，汶川地震位在四川盆地邊緣的群山之中，人口分布相對稀疏，傷亡也就沒有幾十萬人那麼可怕，但是相對於二〇一一年日本三一一海嘯確認死亡人數的一萬五千多人，汶川地震可說是二十一世紀以來僅次於南亞大海嘯最致命的地震。

汶川地震發生在龍門山斷裂帶上，此斷裂帶是由印度板塊推擠歐亞板塊所造成（圖13）。印度板塊在印度的東北角

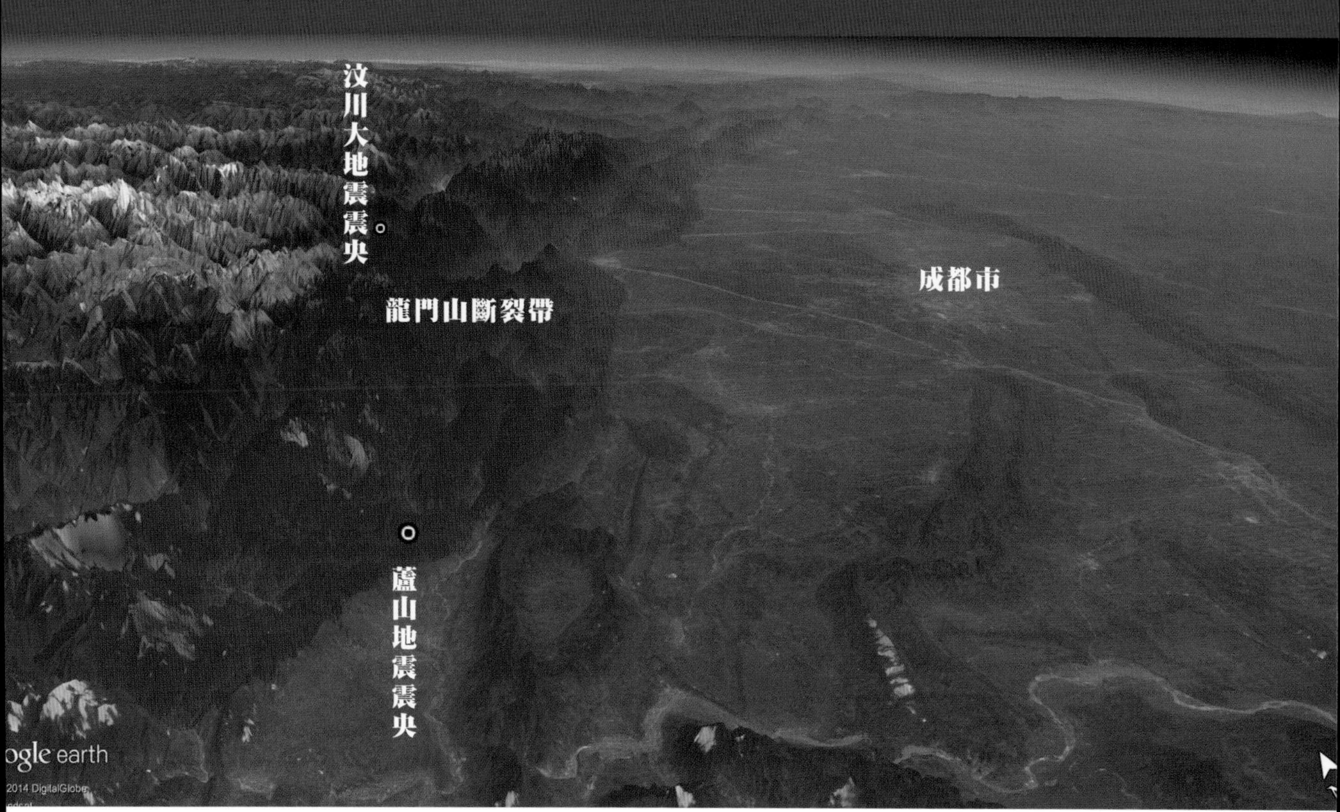

↑【圖 14】汶川地震，引發的地層斷裂向東北延伸，五年後，汶川地震西南方向的地層也斷裂了，引發蘆山地震。

形成一個應力的集中點，這個強大推力不但造就了世界自然遺產三江並流區，同時也扯裂了四川西側的諸多地層，而龍門山斷裂帶就是其中規模較大者。汶川地震發生後，整個地層破裂歷時約一百二十秒，大部分的能量釋放在第八十秒，這些能量以汶川為中心平均每秒三・一公里的速度朝方位角四十九度的方向傳播出去，最後導致大約三百公里的破裂面，以及最大九公尺的位移。

汶川地震震央位在龍門斷裂帶的中央，斷裂面發展往東北方，於是有學者擔心，由中央往西南方向會不會出事？很不幸地，五年後，也就是二〇一三年四川雅安市蘆山縣發生了芮氏規模七・〇的地震，可視為汶川大地震較強一次的餘震（圖14）。

喀什米爾大地震

二〇〇五年十月八日，巴基斯坦所管控的喀什米爾地區當地時間早上八點五十二分（這個位置同樣屬於喜馬拉雅—地中海地震帶），發生了芮氏規模七・六的地震，由於震央深度只有十公里，所以災害影響非常大，是巴基斯坦一百年來經歷過的最強地震（圖15）。巴基斯坦官方公布的死亡人數為八萬七千多人，若加上印度控制的地區死亡一千四百人，共造成八萬八千多人喪命。

悲傷的故事說不盡，慘烈的狀況難以描述，或許用下面的描述，可以概括地瞭解情況的嚴峻程度。喀什米爾的第二大城花了五十八年建設，地震只用五十八秒就摧毀了，而後喀什米爾人再用五十八週重建。中間經歷過冬天，房子來不及重建，一批沒被壓死的人被凍死；經歷過雨季，道路柔腸寸斷，糧食補給進不來，又一批沒有被眷顧的災民活活餓死。

八萬八千多不是小數目，比汶川大地震的六萬九千人多，更是日本三一一海嘯死亡人數近六倍，可是讀者可曾聽過這次地震的消息？巴基斯坦的學者很無奈地說：「我們是被國際媒體遺忘的地方，如果紐約一輛巴士掉進河裡死了幾個人，它會成為頭條，在倫敦要是有人虐待小狗也會成為頭條，但是我們這裡死了八萬人！不是八人，國際媒體只有小小的標題，而且一閃即過。」

為什麼會這樣是不難理解的，首先，西方世界掌握著主流訊息，而在國際媒體的形塑下，巴基斯坦給人的印象一向都是恐怖分子、賓拉登(Osama bin Laden)藏匿地、伊斯蘭激進派等。再者，喀什米爾是一塊領土爭議區，分別由巴基斯坦、印度和中國部分掌控，進入的條件非常複雜而嚴苛，內部的管控也非常嚴格（四

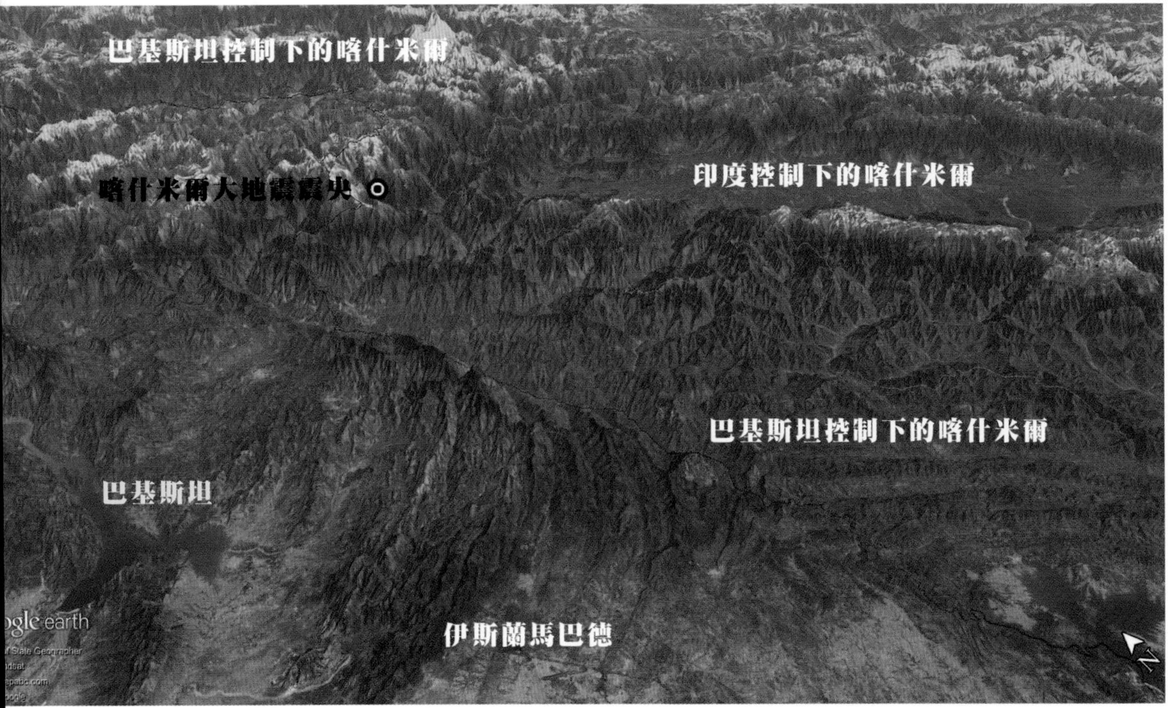

↑【圖 15】政治複雜的喀什米爾地區。

人集會就算違法），所以很難有國際媒體進入傳出大量新聞畫面，也很難從內部傳出在地訊息。對比於日本的三一一大海嘯，空中的及時畫面不斷送向國際媒體，地面則人手一機拍攝的現場狀況，更有汽車的行車記錄器拍下一幕又一幕親歷災難現場的驚人鏡頭。當這些畫面一遍又一遍地在國際媒體放送，當然能夠引起全球的關注。同樣的，南亞大海嘯死了二十九萬人，能看到的畫面卻相對稀少，多數還是西方遊客在熱門觀光度假飯店拍攝到的影像，而印度因南亞大海嘯死了一萬人，可是別說動態影像了，連一張像樣的靜態照片都沒有。

墨西拿 (Messina) 地震

一九〇八年十二月二十八日早上五點二十分，義大利西西里島第二大城墨西拿遭受一場芮氏規模七・五的大地震，造成墨西拿九一％的建築物倒塌毀

→【圖 16】墨西拿位置圖。

損，全市一半的人遇難死亡（七萬），加上地震引發高達十二公尺的海嘯，總共造成十二萬三千人死亡，這是歐洲有史以來死亡人數最多的地震和海嘯（圖16）。

非洲板塊每年以九公釐的速度俯衝推擠歐亞板塊，比起臺灣東側的菲律賓海板塊每年以九十四公釐的速度俯衝進入歐亞板塊之下，顯然慢了十倍有餘，所以歐洲的地震頻率沒有環太平洋地區來得高。不過慢歸慢，推擠久了效果還是一樣，西西里島位在非洲板塊，緊鄰著非洲與歐亞板塊的交界，墨西拿位在西西里島的東北角，東側是兩大板塊造成的裂谷，北邊則是兩板塊的聚合邊界，南方和西北方不遠處則是非洲板塊進入歐亞板塊的俯衝帶。換個角度，墨西拿可以說是位在南北兩個俯衝帶之間一段複雜的地質構造區，平移斷層的一頭連接著撕扯斷裂的裂谷，另一頭卻又是板塊的聚合，雖然每年板塊移動的速度很慢，也只是時間上的差異，這塊區域總是會有地層上的異動，釋放出能量。

安卡什大地震

二〇〇九年八月九日凌晨六點十六分，小林村因背後的獻肚山發生大規模滑坡，導致全村有四百六十二人遭到掩埋而喪命，這件事大家應該還記憶猶新。不過如此令人震撼的自然災害，不是僅只在臺灣發生。

一九七〇年祕魯安卡什地區欽博特（Chimbote）外海不遠處的海底（圖17），在當地時間下午三點二十三分，發生了芮氏規模七・九的大地震，地震持續四十五秒，引發海拔六千七百六十八公尺的瓦斯卡蘭山（Nevado Huascarán）大範圍的滑坡走山。原本是山頭上的冰河，因地震而崩潰，形成寬九百一十公尺，長達一六

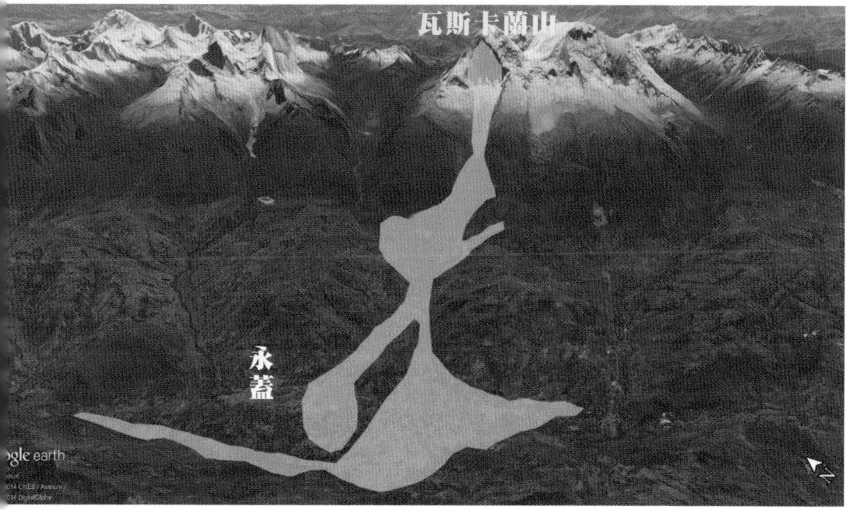

↑【圖 17】瓦斯卡蘭山有多條冰河覆蓋，地震導致其中一條冰河崩潰，竟然引發巨大滑坡。

公里的岩石、泥土、冰和雪的混合物，以每小時兩百八十到三百三十五公里的速度（臺灣高鐵的營運速度為每小時三百公里），往坡下移動了十八公里。光是從這些數據，就可以想見當時的情境根本就是「地動山搖、毀天滅地、日月無光」，結果包含永蓋（Yungay）在內的幾個村莊被輾壓而過，導致十萬人死亡（含失蹤）。

記取教訓才能防患未然

嘉靖大地震死亡八十三萬人、唐山大地震造成二十四萬兩千人死亡、海原大地震死亡人數達到二十三萬四千多人、汶川大地震則是六萬九千人遇害，中國在面對地震災害上實在不可不慎重。中國平常地震不多，但每發生一次超級地震，就會在地震災難史上留下一筆血淋淋的紀錄，這是地質條件與板塊位置使然，不由得人。我們所能做的就是提高建築物的耐震能力，並且時時教育民眾面對地震的應變，尤其是要迅速關閉電源、瓦斯，避免震災後的火勢蔓延，讓災害減到最輕。

圖片來源一覽表

頁碼	圖片	出處
17	照片 1 右上圖	NASA
20	照片 2	http://earthobservatory.nasa.gov/IOTD/view.php?id=82607&eocn=home&eoci=iotd_previous
21	照片 3	http://earthobservatory.nasa.gov/IOTD/view.php?id=82607&eocn=home&eoci=iotd_previous
31	圖 1	NASA Observatory 2010 衛星資料
32	圖 2	http://www.gapminder.org/
33	圖 3	http://cwfis.cfs.nrcan.gc.ca
35	圖 4	NASA Observatory 2010 衛星資料
59	圖 5 抽水站	http://dprbcn.files.wordpress.com/2010/04/81428941.jpg
59	圖 5 薩達特運河	http://www.skyscrapercity.com/showthread.php?t=1207213
73	圖 9	http://earth.nullschool.net/

頁碼	圖片	出處
75	照片 6 右圖	http://www.panoramio.com/photo_explorer#view=photo&position=2230&with_photo_id=75856926&order=date_desc&user=6991012
78	圖 17 右圖	http://earth.nullschool.net/
106	圖 1	http://www.gapminder.org/
109	圖 1	http://www.gapminder.org/
113	圖 1	http://www.gapminder.org/
116	圖 1	http://www.gapminder.org/
118	圖 2	http://www.gapminder.org/
119	圖 3	http://www.gapminder.org/
120	圖 4	http://www.gapminder.org/
121	圖 5	http://www.gapminder.org/

頁碼	圖片	出處
122	圖 6	http://www.gapminder.org/
138	照片 1	http://www.panoramio.com/photo_explorer#view=photo&position=35&with_photo_id=16145902&order=date_desc&user=43297

其他圖片版權均為 Google Earth、Google Map 所有，或由作者自行拍攝、繪製。

LEARN系列 021

地理課沒教的事3：看見地球的變動

作　者—廖振順
主　編—邱憶伶
責任編輯—俞天鈞
責任企畫—吳宜臻
美術設計—我我設計工作室 wowo.design@gmail.com

總編輯—李采洪
董事長—趙政岷
出版者—時報文化出版企業股份有限公司
10803臺北市和平西路三段二四〇號三樓
發行專線：（〇二）二三〇六六八四二
讀者服務專線：（〇二）〇八〇〇二三一七〇五・（〇二）二三〇四七一〇三
讀者服務傳真：（〇二）二三〇四六八五八
郵撥：一九三四四七二四時報文化出版公司
信箱：臺北郵政七九～九九信箱

時報悅讀網—http://www.readingtimes.com.tw
電子郵件信箱—newstudy@readingtimes.com.tw
時報出版愛讀者粉絲團—http://www.facebook.com/readingtimes.2
法律顧問—理律法律事務所陳長文律師、李念祖律師
印　刷—華展印刷有限公司
初版一刷—二〇一四年五月九日
初版四刷—二〇一九年八月二十二日
定　價—新臺幣三五〇元
（若有缺頁或破損，請寄回更換）

時報文化出版公司成立於一九七五年，
並於一九九九年股票上櫃公開發行，於二〇〇八年脫離中時集團非屬旺中，
以「尊重智慧與創意的文化事業」為信念。

地理課沒教的事3：看見地球的變動 / 廖振順著.
-- 初版. --臺北市：時報文化, 2014.05
面： 公分 --（Learn系列：21）
ISBN 978-957-13-5955-7（平裝）
1.世界地理
716　　103007263

ISBN：978-957-13-5955-7
Printed in Taiwan